安徽农业大学人才资助项目：rc402108

"黑天鹅"风险下的中国猪肉供给研究

李亚玲　著

中国农业出版社

北　京

前 言
FOREWORD

2018 年以来，以中美经贸摩擦、非洲猪瘟和新冠肺炎疫情为代表的各类"预期之外"且造成重大冲击的"黑天鹅"事件频繁发生，加剧了开放市场背景下全球农产品供给的不稳定性和不确定性。作为中国居民重要的"菜篮子"产品之一，猪肉以及作为生猪豆粕饲料原料的大豆在"黑天鹅"事件叠加发生背景下遭受巨大冲击，供给面临诸多不确定性。对猪肉来说，中美经贸摩擦引起猪肉进口数量下降和进口成本增加，非洲猪瘟使国内生猪养殖遭受重创，新冠肺炎疫情造成猪肉供应链断裂，均会直接导致我国猪肉供给下降和价格上升。对饲用大豆来说，中美经贸摩擦抬高了饲用大豆进口成本，新冠肺炎疫情引起进口饲用大豆到港时间延迟，给国内生猪产业生产带来了不稳定因素，进而间接影响我国猪肉供给。值得注意的是，这三项"黑天鹅"事件的叠加发生会进一步加剧单一"黑天鹅"事件给我国猪肉供给带来的不利影响。然而，各类"黑天鹅"事件给我国猪肉供给造成的影响尚不明确且缺乏同一体系下的科学比较。同时，关于叠加"黑天鹅"风险下中国猪肉供给短缺和价格过高的应对政策讨论较少，涉及政策效果和成本的量化研究尤其匮乏。

基于以上背景，如何科学全面评价"黑天鹅"事件对我国猪肉供给的影响，并在此基础上制定有效的应对政策成为迫切需要解决的问题。因此，本研究提出以下问题：如何量化"黑天鹅"事件对我国猪肉供给造成的影响，并比较各类"黑天鹅"事件给我国猪肉供给造成的影响程度？应对"黑天鹅"风险下我国猪肉供给短缺和价格上涨的可能政策选项有哪些，以及政策的效果和成本如何？如何构建兼容性的模型将各类"黑天鹅"事件对我国猪肉供给的影响放在同一体系下进行测度，并就应对"黑天鹅"风险下我国猪肉供给短缺和价格过高的政策效果和成本进行量化评估?

为了回答上述问题,本研究构建了一个系统开放兼顾地域差异性的全球贸易—中国农业部门模型(GT-CASM)。借助GT-CASM模型,本研究在同一体系下量化了中美经贸摩擦、非洲猪瘟和新冠肺炎疫情三类单一"黑天鹅"事件对我国猪肉供给量和价格、分地区猪肉生产以及猪肉进口格局的影响,并结合饲用大豆供给变化对猪肉供给变化进行深入分析。综合单一"黑天鹅"事件给我国猪肉供给造成的影响,本研究进一步分析不同风险程度的叠加"黑天鹅"事件给我国猪肉供给造成的影响。基于叠加"黑天鹅"事件对我国猪肉供给影响的模拟结果,本研究考虑统筹国内和国际两个市场,提供了调整非洲猪瘟强制扑杀补贴政策和大豆生产者补贴政策、优化畜禽饲料配方以及调减猪肉和大豆进口关税政策等多项应对"黑天鹅"事件冲击下我国猪肉供给短缺和价格过高的可能政策选项。进一步地,本研究借助GT-CASM模型评估不同应对政策对于实现将叠加"黑天鹅"事件冲击下猪肉价格上升幅度控制在既定范围内(以5%为例)的政策目标的可行性,并对政策成本和效果进行度量。通过模拟分析,本研究的主要结论如下:

①就单一"黑天鹅"事件给我国猪肉供给造成的影响而言:中美经贸摩擦和新冠肺炎疫情都会造成我国猪肉供给减少和价格上升,但是影响程度较小;而非洲猪瘟会造成我国猪肉产量大幅下降,从而引起猪肉供给急剧下降和价格剧烈上升。从具体数值上看:在对美国猪肉和大豆加征不同力度进口关税的中美经贸摩擦冲击下,我国猪肉供给下降0.16%~0.22%,价格上升0.33%~0.46%;在不同严重程度的新冠肺炎疫情冲击下,我国猪肉供给减少幅度为0.22%~0.74%,价格上升幅度为0.46%~1.54%;在不同严重程度的非洲猪瘟冲击下,我国猪肉供给下降高达16.36%~36.26%,价格上涨34.08%~75.54%。

②叠加"黑天鹅"事件会导致我国猪肉供给大幅下降、价格大幅上升,且非洲猪瘟是猪肉供给减少和价格上升的主导因素。若不考虑猪肉需求的变化,在不同风险程度的叠加"黑天鹅"事件冲击下,我国猪肉供给下降16.89%~37.78%,价格上涨35.18%~78.70%。若考虑非洲猪瘟冲击下猪肉需求同步减少的情况,猪肉供给下降幅度会进一步增加,而价

格上升幅度会减小。同时，在风险较高的叠加"黑天鹅"事件冲击下，在转基因大豆进口急剧减少的同时，国产大豆产量明显增加，从而对畜牧业所需的饲用大豆进行一定程度的补充。

③调整非洲猪瘟强制扑杀补贴政策对于实现将叠加"黑天鹅"事件冲击下猪肉价格上升幅度控制在既定范围内的政策目标具有较强的可行性，需要付出的政策成本仅比现行的非洲猪瘟强制扑杀补贴政策高出约341亿元。具体来说，提高生猪和能繁母猪强制扑杀补贴标准均能够有效促进生猪生产以提高猪肉供给和稳定价格，在政策成本相同的情况下，对生猪进行强制扑杀补贴相较于对能繁母猪进行强制扑杀补贴效果更好。同时，对除了山东和四川之外的生猪养殖大省（例如湖南和河南等）实施倾斜的地区差异化生猪强制扑杀补贴政策相对于实施全国统一标准的生猪强制扑杀补贴政策，能够更显著地促进猪肉供给增加和价格下降。研究结果显示，在面临叠加"黑天鹅"事件的冲击时，若在现行的非洲猪瘟强制扑杀补贴成本下按照最优方式进行补贴，我国猪肉供给减幅下降为5.47%，价格增幅下降为11.40%；并且，非洲猪瘟强制扑杀补贴成本每增加274亿元左右，猪肉供给增加约2.46%，价格下降约5.12%。

④调整大豆生产者补贴政策对于实现将叠加"黑天鹅"事件冲击下猪肉价格上升幅度控制在既定范围内的政策目标不具备可行性，并且对于增加猪肉供给和降低猪肉价格的作用较小。具体来说，将当前按照播种面积补贴的大豆生产者补贴方式调整为按照单产或生产成本补贴的方式对提高大豆和猪肉供给没有作用。提高大豆生产者补贴标准能够有效促进国内大豆生产，但对促进猪肉供给增加和价格降低的作用较小，原因在于国产大豆产量的增加会同时引起同样作为饲料原料的玉米产量的下降，一定程度上抑制了国内猪肉生产的增加。从数值上看，即使在将大豆生产者补贴总额增加至与非洲猪瘟强制扑杀补贴成本同等水平的极端情景下，相较于叠加"黑天鹅"事件情景，猪肉供给也仅增加0.17%，价格下降0.22%；相较于2017年基期，猪肉供给仍会下降17.21%，价格仍会上升35.86%。

⑤优化畜禽饲料配方对于实现将叠加"黑天鹅"事件冲击下猪肉价格上升幅度控制在既定范围内的政策目标不具有可行性，但能够在较小程度上缓解叠加"黑天鹅"事件下猪肉供给不足和价格过高问题。在《仔猪、

生长育肥猪配合饲料》（T/CFIAS 001—2018）和《蛋鸡、肉鸡配合饲料》（T/CFIAS 002—2018）两项团体标准被全面采用时：相对于叠加"黑天鹅"事件情景，猪肉供给量增加 0.06%，价格降低 0.08%；相对于 2017年基期情景，猪肉供给量减少幅度仍然达到 17.30%，价格上升幅度仍然达到 36.05%。

⑥调整猪肉和大豆进口关税均无法实现将叠加"黑天鹅"事件冲击下猪肉价格上升幅度控制在既定范围内的政策目标，但可以在一定程度上提高猪肉供给和降低猪肉价格。若对所有国家猪肉取消征收进口关税：相对于叠加"黑天鹅"事件情景，猪肉供给增加 0.83%，价格下降 1.05%；相对于 2017 年基期情景，猪肉供给仍会下降 16.67%，价格仍会上升34.72%。若对所有国家大豆取消征收进口关税：相对于叠加"黑天鹅"事件情景，猪肉供给增加 0.23%，价格下降 0.29%；相对于 2017 年基期情景，猪肉供给减少幅度仍高达 17.17%，价格增幅仍高达 35.76%。

在"黑天鹅"事件叠加冲击的背景下，本研究首先建议通过制定地区差异化的非洲猪瘟强制扑杀补贴政策并确保政策落实、建立生猪重大动物疫病防范和管理制度以及调整猪肉进口关税来直接增加猪肉供给和降低猪肉价格。其次，建议通过调整大豆生产者补贴政策和大豆进口关税、全面推行《仔猪、生长育肥猪配合饲料》和《蛋鸡、肉鸡配合饲料》两项团体标准来降低饲用大豆成本，从而间接增加猪肉供给和降低猪肉价格。

本研究以猪肉为例，在同一体系下评估"黑天鹅"事件对我国农产品供给的影响，统筹国内和国际两个市场寻找应对政策并测算政策效果和成本，从而为增强"黑天鹅"风险下我国农产品的供给韧性提供思路。同时，本研究构建了一个系统开放兼顾地域差异性的农产品供需决策模型，充实了后续相关研究的工具箱。从现实角度来说，本研究量化了"黑天鹅"事件对我国猪肉供给的影响，可以对"黑天鹅"事件下我国猪肉供给安全进行风险预警；量化了"黑天鹅"事件冲击下我国猪肉供给短缺和价格过高问题的应对政策的效果和成本，能够为政府在开放市场背景下制定应对"黑天鹅"风险的政策提供参考。

目 录
CONTENTS

前言

1 导　　论

本章将首先对本研究的背景进行介绍，在此基础上提出研究问题并说明研究意义；其次，基于研究问题，对研究目标和研究内容进行介绍；再次，说明本研究的方法、技术路线和结构安排；最后指出本研究的创新之处和不足之处。

1.1　研究背景、研究问题与意义

1.1.1　研究背景

17 世纪之前，欧洲人认为天鹅的羽毛都是白色的。但随着第一只黑天鹅在澳大利亚的出现，欧洲人的认知被彻底颠覆了。Taleb（2007）在《黑天鹅》一书中首次将这种经验之外的事件称为"黑天鹅"事件，由"黑天鹅"事件带来的风险为"黑天鹅"风险。在 Taleb 之后，很多学者在进行相关研究时，对"黑天鹅"事件赋予了自己的定义（Paté-Cornell，2012；Masys，2012；Aven，2014；徐会永，2015；Hajikazemi et al.，2016；佟瑞鹏等，2017）。虽然学术界目前尚未就"黑天鹅"事件形成统一的术语，但是对"黑天鹅"事件所包含的关键因素达成了共识。"黑天鹅"事件一般具有三个关键因素：第一，"黑天鹅"事件通常是"几乎不可能"或"小概率"事件，例如百年不遇的自然灾害；第二，"黑天鹅"事件往往会造成巨大冲击，例如重大的人员伤亡、财产损失和环境破坏等；第三，"黑天鹅"事件的发生总是超出人们的既有认知。自 2018 年以来，全球各项"黑天鹅"事件频发，不断突破人们的预期，最具代表性的是中美经贸摩擦、非洲猪瘟和新冠肺炎疫情。这类"黑天鹅"事件加剧了全球农产品供给体系的不稳定性和不确定性，同时也导致我国农产品供给安全在"黑天鹅"事件频发的开放市场背景下面临"预期之外"的严峻考验。因此，如何识别"黑天鹅"事件给我国农产品供给造成的影响并据此制定增强我国农产品供给韧性的应对政策成为迫切需要解决的问题。

作为中国居民重要的"菜篮子"产品之一，猪肉在近几年"黑天鹅"事件叠加发生背景下受到巨大冲击。从单独每一项"黑天鹅"事件对我国猪肉供给的影响来看：中美经贸摩擦抬高我国猪肉及重要蛋白质饲料原料——饲用大豆的进口成本，分别引起猪肉国际供给和国内生产的下降，从而使得猪肉价格上升；非洲猪瘟的暴发导致我国生猪产业遭受重创，生产规模剧烈缩减，猪肉产量大幅下降，猪肉价格大幅上涨；新冠肺炎疫情造成多个国家农业生产、流通和消费活动受阻，对猪肉和大豆的国内和国际供应链造成严重冲击，导致我国猪肉及饲料原料——大豆的国内和国际供给不确定性增加，从而导致猪肉价格上涨。更严重的是，这三项"黑天鹅"事件的叠加发生会进一步加剧单独一项"黑天鹅"事件给我国猪肉供给带来的不利影响。例如，2018 年 8 月暴发的非洲猪瘟会进一步强化2018 年 7 月发生的中美经贸摩擦带来的猪肉供给下降和价格上升，2020 年初暴发的新冠肺炎疫情导致生猪产业链运行不畅，导致饲料供应、仔猪补栏等物资调运受阻（叶兴庆等，2020；朱增勇等，2020），直接影响非洲猪瘟背景下生猪产业恢复进度。从我国猪肉市场近年来发生的实际变化情况来看，受中美经贸摩擦、非洲猪瘟和新冠肺炎疫情多项"黑天鹅"事件的影响，我国 2019 年猪肉供给比 2018 年下降近 20%，2020 年猪肉供给比 2018 年下降约 15%。另外，我国 2019 年 8 月活猪价格相比于2018 年同期上涨了 48%，2020 年 9 月活猪价格相比于 2018 年同期上升超过 2 倍。由此可见，"黑天鹅"事件对我国猪肉供给和价格的影响巨大。

立足于确保猪肉供给安全，猪肉生产的饲料原料供给在中美经贸摩擦和新冠肺炎疫情两项"黑天鹅"事件下所面临的不确定性也不容忽视。猪肉生产最重要的能量饲料原料为玉米，由于我国玉米自给率超过 95%，而 2017 年从美国进口量仅占总进口量的 27% 左右，因此中美经贸摩擦对我国玉米供给的冲击有限。另外，已有研究表明，新冠肺炎疫情对我国国内粮食生产的影响有限且可控（程国强和朱满德，2020b；钟钰等，

2020)，因此玉米国内供给在本研究所探讨的"黑天鹅"事件下也能够得到保障。猪肉生产重要的蛋白质饲料原料主要为豆粕和干玉米酒糟（DDGS）。对于 DDGS 来说，由于 2017 年开始对美国 DDGS 征收反倾销税和反补贴税，我国 DDGS 进口量骤降到 39 万吨，2018 年在中美经贸摩擦的影响下，进口量进一步下降至不超过 15 万吨。由于日粮配方中每增加 10% 的 DDGS 可减少 4.25% 的豆粕①，按照 80% 的大豆出粕率进行折算，15 万吨 DDGS 的进口大概可以减少 7.5 万吨的大豆需求，在我国 2017 年大豆进口总量中的占比不到 0.1%，基本可以忽略不计。豆粕为目前猪肉生产中用量最大的蛋白质饲料原料，在猪饲料中的占比为 18%～25%，因此确保豆粕饲料供给充足对于稳定猪肉供给和价格十分关键。中国豆粕饲料需求主要通过从国外进口大豆在国内加工来满足，豆粕进口量占国内消费量的比重不足 1%。我国大豆对国际市场的依赖性非常强，进口量占国内总供给量的比重在近十年中均超过 80%，其中 2017 年高达 88%，进口总量约 9 554 万吨，从美国进口占比高达 34.4%。并且，我国进口的大豆绝大部分为转基因大豆，主要用于压榨生产豆油和豆粕，畜牧业对豆粕饲料原料的需求是我国转基因大豆进口需求的重要决定因素（Xiong et al.，2017；李亚玲等，2017）。基于以上分析，本研究选取大豆作为饲料原料的代表性产品，分析"黑天鹅"事件叠加影响下我国大豆所面临的潜在供给短缺和价格上升风险是否会以及如何加剧猪肉供给短缺和价格波动问题。

从单独每一项"黑天鹅"事件对我国大豆供给的影响来看，中美经贸摩擦背景下加征美国大豆进口关税导致我国自美进口量急剧下降，进口成本相应增加。另外，新冠肺炎在全球范围内的蔓延导致供应链断裂和人员缺乏，无法确保大豆到港时间，给大豆国际供给带来不稳定性。综上，中美经贸摩擦和新冠肺炎疫情的暴发极有可能成为非洲猪瘟冲击下生猪复产的阻碍因素。根据中国海关总署的统计数据，相较于 2017 年，我国大豆进口量在 2018 年下降 7.85%，在 2019 年下降 10.49%，其中自美进口量

---

① 资料来源：中国饲料行业信息网。

在 2018 年和 2019 年的下降幅度均高达 50% 左右。2020 年，我国大豆进口量在后非洲猪瘟时期生猪复产的影响下有所回升。进口大豆价格在三项"黑天鹅"事件的叠加影响下呈现一定幅度的上下波动状态。尽管 2020 年大豆进口量有所增加，但中美经贸摩擦和新冠肺炎疫情的危机并未完全消散，"黑天鹅"事件对我国大豆进口的影响仍然存在未知性。由于中美经贸摩擦和新冠肺炎疫情的叠加影响下我国大豆进口所面临的潜在供给短缺和价格上升风险可能会进一步恶化猪肉供给不足和价格上涨问题，从而不利于生猪生产恢复，因此需要高度重视。

鉴于猪肉对我国居民的重要性，大量研究就"黑天鹅"事件对我国猪肉供给造成的影响及相应的对策进行了探讨。然而，现有研究还存在一些可以完善的空间。在"黑天鹅"事件对我国猪肉及饲用大豆供给的影响研究方面，首先，基于 2018 年以来的"黑天鹅"事件叠加发生的事实，现有就单一"黑天鹅"事件对我国猪肉供给影响的计量分析很难完全排除其他"黑天鹅"事件影响的干扰，导致估计结果可能存在误差。其次，由于已有的一般均衡模型和局部均衡模型存在局限性，现有研究大多只能从产业或国家层面分析"黑天鹅"事件对我国猪肉供给的影响，无法刻画"黑天鹅"事件对我国国内不同地区猪肉生产的差异化影响，从而无法据此制定地区差异化的应对政策。并且，现有研究鲜少关注猪肉和大豆市场的关联性，一部分研究仅基于猪肉或大豆一种产品进行分析，另一部分研究虽然同时对猪肉和大豆两种产品进行分析，但并未强调二者之间的关联性，一定程度上导致模拟结果存在片面性。最后，现有模拟研究大多仅分析一类或两类"黑天鹅"事件对我国猪肉供给的影响，且模拟方法和研究范围不尽相同，因此无法综合前人研究在同一体系内评估各种"黑天鹅"事件对我国猪肉供给的影响大小。在应对"黑天鹅"事件背景下我国猪肉及饲用大豆供给短缺的对策研究方面，已有研究大多停留在定性剖析和解读层面，科学规范的量化研究比较匮乏。现有极少数的量化研究也只对政策效果进行评价，没有同时对政策成本进行测算，从而无法确定政策的可行性以及评价多种可选政策的优劣性，大大削弱了研究对于政府制定应对"黑天鹅"事件冲击下猪肉供给风险的政策的参考价值。针对现有研究的不足，亟须构建一个系统开放兼顾地域差异性和产品关联性的农产品供需决策模型，用以科学量化和在同一体系中比较不同"黑天鹅"事件对我国猪肉供给造成的影响，并对应对政策的效果和成本进行测算。

1.1.2　研究问题与意义

基于以上背景，本研究聚焦于：如何科学全面评价多重"黑天鹅"事件对我国猪肉供给的影响，并在此基础上制定有效的应对政策？据此，本研究提出如下几个研究问题：

问题一：各类"黑天鹅"事件对我国猪肉供给造成的影响有多大？

问题二：应对"黑天鹅"事件下我国猪肉供给短缺和价格过高风险的可能政策选项有哪些？各项政策的成本和效果如何？

问题三：如何构建兼容性的模型将各类"黑天鹅"事件对我国猪肉供给的影响放在同一体系下进行测度，并就"黑天鹅"风险下我国猪肉供给短缺和价格过高的应对政策成本和效果进行量化评估？

基于上述研究问题，本研究旨在全面科学地评价"黑天鹅"事件对我国猪肉供给的影响，并在此基础上制定有效的应对政策。从理论层面来看，本研究以猪肉为例，在同一体系下量化和比较各类"黑天鹅"事件对农产品供给的影响，统筹国内和国际两个市场寻找增强我国农产品供给韧性的应对政策并测算政策成本和效果，从而为增强我国农产品应对"黑天鹅"事件冲击的供给韧性提供思路。从学术角度考量：本研究首先在同一体系内科学量化了2018年以来不同"黑天鹅"事件对我国猪肉供给的影响，并且可以识别"黑天鹅"事件对我国国内不同地区影响的差异性；其次提供了应对"黑天鹅"事件背景下我国猪肉供给短缺和价格过高风险的政策选项，并对政策效果和成本进行量化；最后构建了一个系统开放兼顾地域差异性和产品关联性的农产品供需决策模型，充实了后续相关研究的工具箱。因此，本研究能够对已有研究进行有益补充。从现实意义角度来说：本研究量化了"黑天鹅"事件对我国猪肉供给的影响，可以对"黑天鹅"事件下我国猪肉供给安全进行风险预警；提供了应对"黑天鹅"事件背景下我国猪肉供给短缺和价格过高风险的政策选项以及量化了政策效果和成本，能够为政府在"黑天鹅"事件频发的开放市场背景下制定应对政策提供参考。

1.2　研究目标与研究内容

基于以上研究问题，本部分将对研究的目标和内容进行详细说明。

1.2.1　研究目标

本研究的总目标是量化"黑天鹅"事件对我国猪肉供给的影响，进行"黑天鹅"事件下我国猪肉供给安全风险预警，并在此基础上寻找可行的应对政策。

本研究的具体目标如下：

目标一：明确 2018 年以来发生的"黑天鹅"事件给我国猪肉和大豆供给造成的实际影响，并厘清其中的影响路径。

目标二：构建全球贸易—中国农业部门局部均衡模型，以此量化"黑天鹅"事件对我国猪肉供给的影响和应对"黑天鹅"事件背景下猪肉供给短缺和价格过高风险的政策的效果和成本。

目标三：量化单一"黑天鹅"事件和叠加"黑天鹅"事件对我国猪肉供给造成的影响，并同时对大豆供给变化与猪肉供给变化的方向和程度进行相互解释。

目标四：提供应对"黑天鹅"事件下我国猪肉供给短缺和价格过高风险的政策选项，并量化政策效果和政策成本。

1.2.2　研究内容

为实现上述研究目标，本研究选取中美经贸摩擦、非洲猪瘟和新冠肺炎疫情三项"黑天鹅"事件，首先，结合经济学理论和实际观测数据对"黑天鹅"事件影响我国猪肉供给的影响路径和现状进行定性分析；其次，构建全球贸易—中国农业部门模型（GT - CASM）并进行模型校准，用以量化"黑天鹅"事件对我国猪肉供给的影响以及应对政策的效果和成本；再次，用 GT - CASM 模型量化"黑天鹅"事件给我国猪肉和大豆供给造成的影响，比较各类"黑天鹅"事件对我国猪肉供给影响的程度大小；最后，提供应对"黑天鹅"事件冲击下我国猪肉供给短缺和价格过高风险的政策选项，并借助 GT - CASM 模型量化政策成本和效果。具体的研究内容为以下六个方面：

研究内容 1：定性分析"黑天鹅"事件对我国猪肉供给的影响路径。

在"黑天鹅"事件相继和叠加发生的背景下，首先结合经济学理论对中美经贸摩擦、非洲猪瘟和新冠肺炎疫情对我国猪肉供给的影响进行理论分析，厘清其中的影响路径。其次，对我国猪肉和大豆供给变化的现实情况进行说明与解释，并且对猪肉和大豆供给在"黑天鹅"事件发展的不同阶段内的变化进行相互解释。

研究内容 2：构建并校准全球贸易—中国农业部门模型（GT - CASM）。

基于局部均衡理论，首先构建 GT - CASM 模型，为下文量化"黑天鹅"事件给我国猪肉供给造成的影响以及"黑天鹅"事件背景下我国猪肉供给短缺和价格过高风险应对政策的效果和成本提供方法。其次，利用 PMP（Positive Mathematical Programming）方法对 GT - CASM 模型进行校准，使其能够较好地反映农产品市场的运行情况，从而用来模拟分析外部事件冲击下我国猪肉供给变化情况并对政策干预的效果进行量化评估。

研究内容 3：量化并比较不同单一"黑天鹅"事件对我国猪肉供给的影响。

采用 GT - CASM 模型，分别量化中美经贸摩擦、非洲猪瘟和新冠肺炎疫情对我国猪肉供给和价格的影响，比较每项"黑天鹅"事件造成的猪肉供给影响程度大小，并说明猪肉及其供应链产品大豆的供给变化如何相互影响以及影响程度如何。在分析猪肉总供给和价格变化的同时，识别"黑天鹅"事件对我国不同地区猪肉生产以及猪肉进口格局的影响。并且，结合饲用大豆供给和价格变化的情况，进一步厘清猪肉供给变化的原因。

研究内容 4：测度叠加"黑天鹅"事件对我国猪肉供给造成的影响。

结合单一"黑天鹅"事件造成猪肉供给量和价格变化的模拟结果，设置不同风险程度下的叠加"黑天鹅"事件综合情景，并利用 GT - CASM 模型量化叠加"黑天鹅"事件情景下我国猪肉供给量和价格的变化幅度，对不同风险程度的叠加"黑天鹅"事件造成的猪肉供给短缺和价格过高风险进行预警，同时也为下文测度应对叠加"黑天鹅"事件风险的政策效果提供参照。

研究内容 5：提供应对"黑天鹅"事件冲击的国内政策，并量化效果和成本。

立足于增加国内猪肉和饲用大豆生产或减少饲用大豆需求，寻找应对"黑天鹅"风险下我国猪肉供给短缺和价格过高问题的可行政策。在增加国内猪肉生产方面，考虑调整非洲猪瘟强制扑杀补贴政策，首先评估在同一政策成本下提高生猪强制扑杀补贴标准和提高能繁母猪强制扑杀补贴标准的效果优劣，其次比较在同一政策成本下实行全国统一的非洲猪瘟强制扑杀补贴政策和地区差异化的非洲猪瘟强制扑杀补贴政策的效果大小。在增加国内大豆生产方面，考虑调整大豆生产者补贴政策，分析提高目前按照播种面积进行的补贴的标准，以及调整为按照单产和生产成本进行补贴对提高猪肉供给和降低猪肉价格是否有效，并量化政策成本和效果。同时，比较非洲猪瘟强制扑杀补贴政策和大豆生产者补贴政策的效果和成本，提供可行性较高的政策方案。在减少饲用大豆需求方面，考虑优化畜禽饲料配方对降低饲用大豆需求从而降低猪肉生产成本和促进猪肉供给的作用，并量化政策效果。

研究内容 6：提供应对"黑天鹅"事件冲击的国际政策，并量化政策效果。

立足于增加国际猪肉及豆粕饲料原料——大豆的进口，寻找应对"黑天鹅"风险下我国猪肉供给短缺和价格过高问题的可行政策。在增加猪肉进口方面，考虑调低或取消对美国和其他国家猪肉的进口关税；在增加大豆进口方面，考虑调低或取消对美国和其他国家大豆的进口关税。在此基础上，用 GT - CASM 模型评估调整猪肉和大豆进口关税是否能够在叠加

"黑天鹅"事件背景下有效增加我国猪肉供给和稳定我国猪肉价格，并量化政策效果。

1.3　研究方法与技术路线

综合以上研究问题、研究目标和研究内容，本部分对本书使用的研究方法进行说明，并对本书技术路线进行梳理。

1.3.1　研究方法

基于上述研究内容，本书采用定性分析和定量分析相结合的方法，在对"黑天鹅"事件冲击下中国猪肉和饲用大豆供给变化进行理论分析的基础上，结合局部均衡理论构建农业部门局部均衡模型，并进一步用该模型量化"黑天鹅"事件在不同情景下对中国猪肉供给的影响，提供应对"黑天鹅"事件冲击的政策选项并量化不同应对政策的效果和成本。对具体的研究方法介绍如下：

定性分析方法：首先，基于经济学供需均衡理论，采用定性分析方法厘清"黑天鹅"事件对我国猪肉和大豆供给的影响机制和可能路径。具体地，通过图形刻画"黑天鹅"事件冲击下国内和国际市场猪肉和饲用大豆供需曲线上均衡点的移动或曲线本身的移动，比较新的市场均衡状态下我国猪肉和饲用大豆供给以及价格的变化。其次，结合历史数据，对"黑天鹅"事件背景下我国猪肉和大豆供给的变化情况进行描述性分析。

定量分析方法：首先，以局部均衡理论为基础，构建全球贸易—中国农业部门模型（GT - CASM），将国内外市场农产品的供需均衡约束和双边贸易约束显性化，模型校准之后能够细致地刻画国内外市场和双边贸易政策变化冲击背景下我国农产品市场的变化。其次，基于不同"黑天鹅"事件及其应对政策情景，通过调整 GT - CASM 模型的约束方程或相关参数，量化"黑天鹅"事件对我国猪肉供给的影响，并进一步测度应对"黑天鹅"事件冲击下我国猪肉供给短缺和价格过高风险的可行政策的效果和成本。

1.3.2 技术路线

基于以上研究目标和研究内容，本书将按照图 1-1 所示技术路线开展研究。

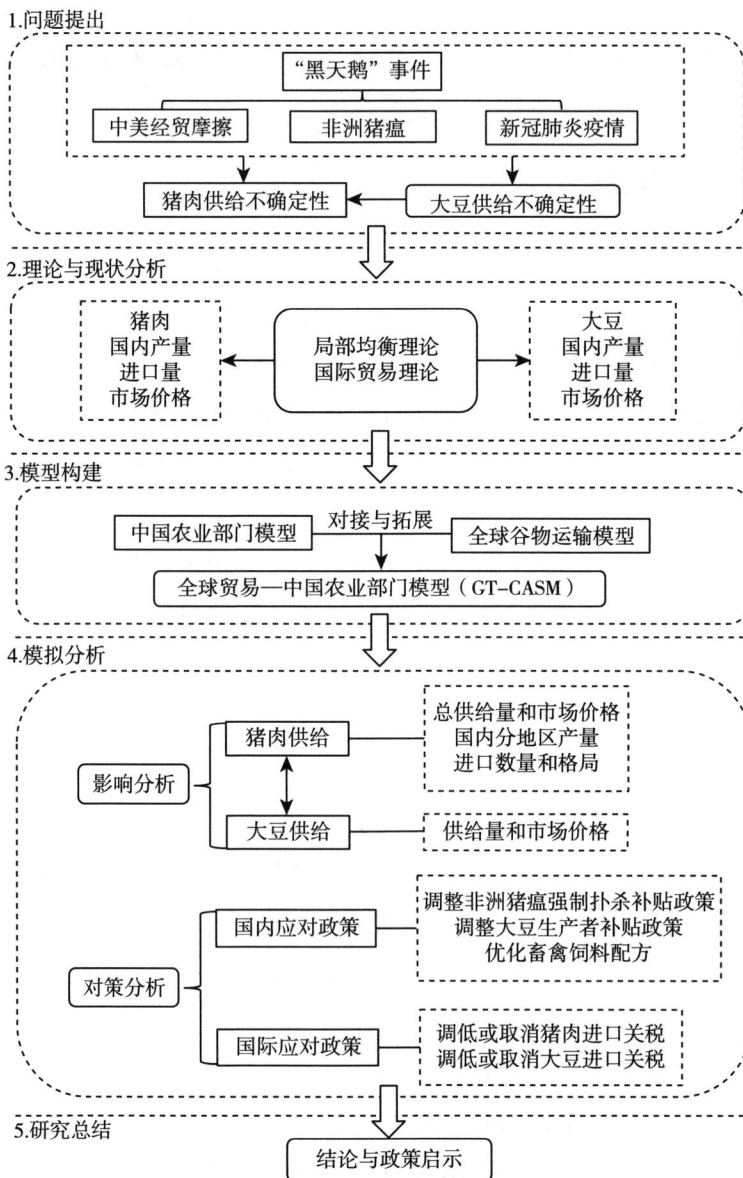

```
1.问题提出
        ┌─────────────────────────────────────────┐
        │          "黑天鹅"事件                     │
        │  ┌──────────┬──────────┬──────────┐      │
        │  │中美经贸摩擦│ 非洲猪瘟  │新冠肺炎疫情│      │
        │  └──────────┴──────────┴──────────┘      │
        │  猪肉供给不确定性 ← 大豆供给不确定性        │
        └─────────────────────────────────────────┘

2.理论与现状分析
        ┌─────────────────────────────────────────┐
        │  猪肉          局部均衡理论        大豆      │
        │  国内产量      国际贸易理论        国内产量   │
        │  进口量                           进口量    │
        │  市场价格                         市场价格   │
        └─────────────────────────────────────────┘

3.模型构建
        ┌─────────────────────────────────────────┐
        │ 中国农业部门模型  对接与拓展  全球谷物运输模型 │
        │  全球贸易—中国农业部门模型（GT-CASM）       │
        └─────────────────────────────────────────┘

4.模拟分析
        ┌─────────────────────────────────────────┐
        │           猪肉供给   总供给量和市场价格      │
        │  影响分析             国内分地区产量         │
        │           大豆供给   进口数量和格局          │
        │                      供给量和市场价格        │
        │                                           │
        │           国内应对政策  调整非洲猪瘟强制扑杀补贴政策│
        │  对策分析             调整大豆生产者补贴政策   │
        │                       优化畜禽饲料配方       │
        │           国际应对政策  调低或取消猪肉进口关税 │
        │                       调低或取消大豆进口关税  │
        └─────────────────────────────────────────┘

5.研究总结
           结论与政策启示
```

图 1-1 "黑天鹅"风险下的中国猪肉供给研究技术路线

1.4　研究结构安排

根据上述研究内容和技术路线，本研究共分8个章节展开，具体结构安排如下：

第1章：导论。在"黑天鹅"事件叠加发生的背景下，本章首先基于我国猪肉和大豆供给发生的变化，明确了"黑天鹅"风险下的中国猪肉供给研究的科学问题、意义、目标、内容以及研究方法，并对相关概念进行界定。其次，基于研究目标和研究内容，对本研究的技术路线和结构安排进行说明。最后，对本研究的创新之处和不足之处进行阐述。

第2章：理论基础与文献综述。本章首先对与本研究相关的理论进行简单介绍，为后续章节的理论分析和局部均衡理论模型的构建提供铺垫。其次，分别就中美经贸摩擦、非洲猪瘟、新冠肺炎疫情以及叠加"黑天鹅"事件对我国猪肉和大豆供给的影响及对策相关文献进行综述，并就"黑天鹅"事件对农产品市场影响的模拟方法进行归纳。最后，基于对已有文献的梳理，进行文献述评。

第3章：理论分析与分析框架。本章分别针对中美经贸摩擦、非洲猪瘟和新冠肺炎疫情三项"黑天鹅"事件对我国农产品供给的影响进行理论分析，并在此基础上形成本研究的分析框架。

第4章："黑天鹅"事件下的中国猪肉和大豆供给变化。首先，本章对中美经贸摩擦、非洲猪瘟和新冠肺炎疫情三项"黑天鹅"事件的发展过程进行梳理。其次，对2018年发生"黑天鹅"事件以来，我国猪肉和大豆市场的变化情况进行分析和解释。

第5章：全球贸易—中国农业部门模型（GT-CASM）。本章构建GT-CASM模型，首先对模型概念、模型原理和模型结构进行界定和说明。其次对模型的目标方程和约束方程及其含义进行详细介绍，并说明数据来源。最后对模型进行校准，解释模型校准的原因并介绍模型校准的方法和结果。

第6章："黑天鹅"事件对中国猪肉供给的影响分析。本章首先分别针对中美经贸摩擦、非洲猪瘟和新冠肺炎疫情三项单一"黑天鹅"事件对中国猪肉及饲料原料——大豆产生的影响进行分析，借助 GT - CASM 模型量化"黑天鹅"事件对猪肉总供给量和价格、不同地区猪肉生产和猪肉进口格局的影响，并结合大豆供给量和价格的变化对猪肉供给的变化进行解释。其次，基于三项单一"黑天鹅"事件的模拟结果，设置叠加"黑天鹅"事件情景，模拟分析不同风险程度的叠加"黑天鹅"事件对我国猪肉和大豆供给的影响。

第 7 章："黑天鹅"事件下猪肉供给风险的对策分析。本章提供了叠加"黑天鹅"风险冲击下缓解我国猪肉供给短缺和价格过高问题的政策选项，并量化每种应对政策的效果和成本。从国内政策调整角度，考虑通过调整非洲猪瘟强制扑杀补贴政策、调整大豆生产者补贴政策和优化畜禽饲料配方实现猪肉供给增加和价格下降的目标。从国际政策调整角度，首先考虑通过调低或取消猪肉进口关税来促进猪肉国际供给增加，其次考虑通过调低或取消大豆进口关税来降低大豆价格和猪肉生产成本，从而促进猪肉国内生产。在拟定政策选项之后，借助 GT - CASM 模型量化不同应对政策在叠加"黑天鹅"事件冲击下对于增加猪肉供给和降低猪肉价格的效果，并进行政策成本测算。

第 8 章：主要研究结论与政策启示。本章对全书主要研究结论进行梳理和概括，并进一步从研究结论中提炼和归纳政策启示。

1.5　可能的创新和不足

1.5.1　可能的创新

本研究在大量汲取前人研究的基础上，在以下几个方面存在一定程度的创新：

第一，本研究构建了一个系统开放兼顾地域差异性的农产品供需决策模型——全球贸易—中国农业部门模型（GT - CASM），能够显性化国内外市场供需变动和国际贸易政策变化等外部冲击对农产品供给的多重风险约束，为分析多种来源的外部冲击对我国农产品市场的影响以及评估不同应对方案的政策效果和成本提供了方法和平台。相较于与本研究相关的其他模型，GT－CASM 可能具有以下几点创新之处。首先，现有局部均衡模型或一般均衡模型多从国家或产业层面上分析"黑天鹅"事件对我国猪肉供给的影响，无法刻画"黑天鹅"事件对我国猪肉生产影响的地区差异性。GT－CASM 模型对农作物产品的分析细化到市级维度、对畜禽产品的分析细化到省级维度，从而能够直观反映"黑天鹅"事件和其他外部冲击对我国不同地区猪肉生产的影响。其次，本研究对接 Yi 等（2018）构建的中国农业部门模型（CASM）与 Fellin（1993）构建的全球谷物运输模型（IGTM），并拓展 IGTM 模型的产品和地区范围，构建 GT－CASM模型并进行校准，使得 GT－CASM 模型在 CASM 模型基础上增加了分析国际市场上不同国家（地区）供需变化和双边贸易政策变化对我国农产品市场的影响的功能，并且能够较为准确地刻画外部冲击对我国农产品贸易格局的影响。再次，现有局部均衡模型或一般均衡模型多基于年度数据分析"黑天鹅"事件对我国猪肉供给的影响，从而无法排除农产品生产以及北美和南美国家大豆上市的季节性因素的干扰。GT－CASM 模型将所有与农产品生产相关的参数、变量和方程均细化到月度维度，将大豆的市场供需参数、变量和方程均细化到季度维度，从而克服了农产品生产和大豆供给季节性因素对模拟结果的干扰。最后，现有局部均衡模型或一般均衡模型多将转基因大豆和非转基因大豆视为同一种产品，然而这两种大豆在用途上存在明显区别，当研究涉及大豆和畜禽产品关联市场时会导致估计误差。GT－CASM 模型将大豆区分成转基因大豆和非转基因大豆两种产品，从而能够更科学地刻画大豆市场与畜禽产品市场之间的联动关系。

第二，本研究考虑猪肉和大豆市场的联动关系，在同一体系下量化了中美经贸摩擦、非洲猪瘟、新冠肺炎疫情三项"黑天鹅"事件对我国猪肉供给的影响，从而可以科学评估和比较各类"黑天鹅"事件对我国猪肉供给的影响程度。同时，本研究能够识别"黑天鹅"事件对我国不同地区猪肉生产的影响，从而为制定地区差异化的国内应对政策提供参考。前人关于"黑天鹅"事件对我国猪肉供给影响的量化研究具有以下几个方面的局限性。首先，由于 2018 年以来发生的"黑天鹅"事件具有叠加发生的特征,已有基于历史数据量化单一"黑天鹅"事件对我国猪肉供给影响的计量研究无法准确排除其他"黑天鹅"事件的干扰,很难准确识别单一"黑天鹅"事件的影响。其次,现有关于"黑天鹅"事件对我国猪肉供给影响的模拟研究大多无法刻画猪肉生产在国内不同地区的变化情况,研究结论提供的信息有限。再次,现有关于"黑天鹅"事件对我国猪肉供给影响的模拟研究鲜少关注猪肉和大豆市场的联动关系,导致模拟结果具有片面性。最后,现有研究大多仅分析一类或两类"黑天鹅"事件对我国猪肉供给的影响,因此无法综合前人研究在同一体系内比较各类"黑天鹅"事件对我国猪肉供给影响程度的大小。本研究借助全球贸易—中国农业部门模型对前人研究的局限性进行了一定的完善:一方面,能够在同一体系内更加科学和准确地量化各类"黑天鹅"事件对我国猪肉供给的影响;另一方面,可以区分"黑天鹅"事件对我国不同地区猪肉生产的影响程度。

第三,本研究提供了应对"黑天鹅"事件冲击下的我国猪肉供给短缺和价格过高风险的政策选项,并且对政策效果和成本进行量化,从而为政府制定应对"黑天鹅"事件背景下的猪肉供给短缺和价格过高风险的政策提出有效建议。现有关于应对"黑天鹅"事件背景下我国猪肉供给短缺和价格过高风险的对策的研究大多数仅停留在定性剖析和解读层面,科学规范的量化研究比较匮乏。并且,极少数的量化研究也只是对政策效果进行评估,没有同时对政策成本进行评估,从而无法确定政策的可行性以及无法评价多种可选政策的优劣性,大大削弱了研究对于政府制定"黑天鹅"事件冲击下猪肉供给风险应对政策的参考价值。本研究统筹国内外市场提供了调整非洲猪瘟强制扑杀补贴政策、调整大豆生产者补贴政策、优化畜禽饲料配方以及调整猪肉和大豆进口关税等多项可能的应对政策,进一步借助 GT - CASM 模型在同一评价体系内对不同应对方案的效果和成本进行量化,弥补了现有研究的不足,并为我国猪肉供给安全治理实践提供了理论及操作层面的研究支撑。

1.5.2 不足之处

当然,本研究还存在一些不足之处。第一,本研究旨在就"黑天鹅"

事件对我国猪肉供给的影响进行比较静态和局部均衡分析，因此没有讨论环保等其他政策对猪肉供给的影响，不能完全反映农产品市场的所有可能情况。第二，本研究聚焦于从供给端分析"黑天鹅"事件对猪肉的影响及制定对策，对"黑天鹅"事件可能同时带来的猪肉需求变化讨论较少。第三，由于数据获取难度较大，本研究未就"黑天鹅"事件对热鲜肉、冷鲜肉、冷冻肉等几种不同品种的猪肉供给的影响进行细化分析。第四，由于猪肉库存量占供给量的比重非常低，为了简化分析，本研究在进行猪肉供给分析时，没有考虑库存变动的影响。另外，大豆供给同时受豆粕和豆油两种压榨副产品需求变动的影响，本研究仅着重考虑了豆粕需求对于大豆市场的影响，忽视了豆油需求变化对大豆市场的影响。针对以上不足，将在后续研究中进行完善。

2 理论基础与文献综述

本章分为两部分，首先对与本研究相关的局部均衡理论和国际贸易理论进行介绍，为下文理论分析和局部均衡模型构建提供理论基础。其次，本章围绕中美经贸摩擦、非洲猪瘟和新冠肺炎疫情三项"黑天鹅"事件和叠加"黑天鹅"事件对我国猪肉和大豆供给的影响及对策研究进行综述，并就"黑天鹅"事件对农产品市场影响的模拟方法进行归纳。进一步地，在文献梳理的基础上对现有文献进行述评。

2.1 理论基础

2.1.1 局部均衡理论

局部均衡理论由阿尔弗雷德·马歇尔 1920 年在其著作《经济学原理》中创立（Marshall，2009）。局部均衡理论与一般均衡理论存在区别。一般均衡理论强调整个经济所有商品和生产要素价格和供给需求的均衡状态，而局部均衡理论假设外部所有条件均不会发生变化，仅着眼于某一种或几种关联产品，考察单一市场或主要关联市场的供需均衡状态。相比于一般均衡分析，局部均衡分析可能不够全面，但却能对一种或几种产品市场的均衡状态及其变化进行更深入和细致的刻画，因此应用广泛。下面将分别针对封闭市场条件下和开放市场条件下的局部均衡理论进行具体说明。

在封闭市场条件下，局部均衡模型只需要实现国内市场出清就能达到均衡状态，具体表达见式（2-1）～式（2-3）。其中 Q^D 为国内市场需求量，Q^S 为国内市场供给量，P 为市场价格，式（2-1）和式（2-2）分别为国内需求方程和供给方程。在市场均衡状态下，Q^D 等于 Q^S，形成市场均衡数量和均衡价格。

$$Q^D = Q^D(P) \tag{2-1}$$

$$Q^s = Q^s(P) \qquad (2-2)$$

$$Q^D(P) = Q^s(P) \qquad (2-3)$$

在开放市场条件下，局部均衡模型需要同时实现进口国和出口国的市场出清。其中式（2-4）和式（2-5）分别为进口国的需求方程和供给方程，Q_d^{IM} 和 Q_s^{IM} 分别表示进口国的需求量和供给量，P^{IM} 为进口国的国内市场价格。式（2-6）和式（2-7）分别为出口国的需求方程和供给方程，Q_d^{EX} 和 Q_s^{EX} 分别表示出口国的需求量和供给量，P^{EX} 为出口国的国内市场价格。式（2-8）中 $Q_{ed}^{IM}(P^{IM})$ 为进口国的超额需求量，等于进口国的需求量减去供给量，式（2-9）中 $Q_{es}^{EX}(P^{EX})$ 为出口国的超额供给量，等于出口国的供给量减去需求量。在国际市场出清的情况下，进口国的超额需求量等于出口国的超额供给量［见式（2-10）］。达到市场均衡时，出口国国内价格加上贸易成本（T）之后等于进口国国内价格［见式（2-11）］，其中贸易成本具体包括进口关税和运输成本等。

$$Q_d^{IM} = Q_d^{IM}(P^{IM}) \qquad (2-4)$$

$$Q_s^{IM} = Q_s^{IM}(P^{IM}) \qquad (2-5)$$

$$Q_d^{EX} = Q_d^{EX}(P^{EX}) \qquad (2-6)$$

$$Q_s^{EX} = Q_s^{EX}(P^{EX}) \qquad (2-7)$$

$$Q_{ed}^{IM}(P^{IM}) = Q_d^{IM}(P^{IM}) - Q_s^{IM}(P^{IM}) \qquad (2-8)$$

$$Q_{es}^{EX}(P^{EX}) = Q_s^{EX}(P^{EX}) - Q_d^{EX}(P^{EX}) \qquad (2-9)$$

$$Q_{ed}^{IM}(P^{IM}) = Q_{es}^{EX}(P^{EX}) \qquad (2-10)$$

$$P^{EX} + T = P^{IM} \qquad (2-11)$$

2.1.2 国际贸易理论

在国际贸易理论中，存在自由贸易与保护贸易两种对立的理论。从国际贸易理论发展的历史来看，占主流地位的一直是自由贸易理论。自由贸易理论从社会福利水平最大化的角度出发，论证参与国际贸易对所有国家都是有利的，主张政府应选择自由贸易政策。而保护贸易理论指出自由贸易能使整个世界福利水平最大化，但并不意味着单个国家利益最大化，因而从国家利益的角度论证贸易保护的合理性。同时，基于经济和政治等因素，国际贸易摩擦不可避免，由此也产生了一系列贸易摩擦理论。

（1）自由贸易理论

资本主义前期阶段，重商主义理论强调货币的重要性，并在当时占据主导地位，主流观点提倡通过征收关税和设置非关税壁垒对进口进行限制，从而获得更多货币。古典学派的经济学家对重商主义进行批判，并开展国际贸易的系统化研究。之后，重商主义理论逐渐被自由贸易理论所取代，成为指导国际贸易的主导思想。自由贸易理论主要包括绝对优势理论、比较优势理论和要素禀赋论。

亚当·斯密（1776）的代表作《国民财富的性质和原因的研究》，首次对国际贸易产生的原因进行了分析，系统地提出了绝对优势理论，同时论证了国际贸易的互利性，明确指出反对重商主义理论，为自由贸易理论的进一步发展奠定了坚实基础。绝对优势理论的观点表明贸易伙伴国应该互相出口本国在生产上具备绝对优势的商品，而进口本国生产处于劣势地位的商品，从而在自由贸易的环境下使得贸易国双方都获得最大福利。亚当·斯密认为，如果一个国家由于其在生产条件上拥有先天的"自然禀赋优势"或后天的"获得优势"，使得生产某种商品的绝对成本低于其他国家，则该国应该集中资源专业化生产这种商品，参与国际贸易并从中获利。基于以上观点，亚当·斯密反对政府干预，主张自由贸易，认为自由贸易能带来最高的福利水平，同时会使本国闲置资源得以充分利用，进而促进经济增长。因此，尽管中美贸易摩擦频发，但从长期来看，合作与双赢将一直是双方贸易关系发展的方向。同时，亚当·斯密也指出保护贸易政策过多关注生产者利益，而忽视了消费者利益。这一观点对于分析中美贸易摩擦也有着重要的借鉴意义：美国对中国进行贸易限制的一个主要借口就是中国出口的低价商品损害了美国生产者的利益，但忽视了价格低廉的中国商品给美国消费者带来的利益。

然而，绝对优势理论存在一定的局限性，只适用于贸易双方至少各自拥有一种占据绝对优势的商品的情形。如果一个国家所有商品的生产成本相对于另一个国家的同种商品都处于绝对劣势地位，则两国之间不会发生贸易。大卫·李嘉图1817年在亚当·斯密的绝对优势理论的基础上，提出了比较优势理论，并发表著作《政治经济学及赋税原理》。在比较优势理论中，两个国家之间发生贸易的前提条件是贸易商品在劳动生产率上具有相对差异性，只要差异性存在，两个国家之间就有进行贸易的可能。在这种情况下，每一个国家都能够通过出口具有本国比较优势的商品和进口具有本国比较劣势的商品，在国际贸易中实现互利共赢。后人的研究也证明了根据比较优势理论对自由贸易进行国际化分工能够最大化世界上所有国家的福利，同时，一个国家实行本国单边贸易的自由化也能最大化其本国国内的福利（王亚飞，2007）。在这样的背景下，比较优势理论逐步在自由贸易理论中占据了不可取代的地位。

要素禀赋论进一步发展了比较优势理论，从生产要素禀赋存在差异的角度寻找国际贸易发生的原因，指出不同国家生产要素丰裕度的差异对产品比较优势的影响，同时也明确了生产要素的价格与供给在国际贸易中的重要地位，对国际贸易的发展有着重要的指引作用。要素禀赋论由赫克歇尔首先提出，并由其学生俄林丰富和完善。俄林认为，在不考虑运输成本的条件下，国际贸易产生的原因是不同地区之间存在商品相对价格差异，商品的相对价格差异则是因为生产成本存在差异而导致的。由于假定各国生产技术水平和消费偏好相同，则成本差异存在的主要原因就是生产要素价格的不同，而生产要素价格的差异则是由各国生产要素的丰缺度不同导致的。对于某一要素丰裕的国家来说，该要素的价格较低，进而密集使用该要素生产的产品价格也低，在国际市场上就具有价格竞争优势。因此，一国应生产并出口需要大量使用国内丰裕要素的商品，不生产并进口需要大量使用国内稀缺要素的商品。中美贸易的发展某种程度上体现了要素禀赋论的思想。长期以来，中美两国之间，美国是资本和技术丰裕的国家，而中国则是劳动丰裕的国家。因此，中美两国贸易的互补性很强，美国向中国主要出口资本与技术密集型商品，而从中国进口大量的劳动密集型商品。

（2）保护贸易理论

在自由贸易理论蓬勃发展的同时，保护贸易理论也在逐步兴起。国际贸易会使全球福利水平增加，但同时也影响贸易利益在国家之间的分配。

为了使本国利益最大化，任何一个国家都会试图干预对外贸易的发展，由此产生了一系列保护贸易理论。

　　保护幼稚工业论是德国的经济学家弗里德里希·李斯特在借鉴了美国经济学家亚历山大·汉密尔顿保护贸易思想的基础上提出来的，认为经济落后的国家应当采取保护贸易政策。李斯特批评古典贸易理论忽视了不同国家的发展现实和特点，认为不同国家的发展水平不一样，在商品具有强大竞争力的国家可以实行自由贸易；但如果在商品缺乏竞争力的国家实行自由贸易，在竞争压力下这些国家的工业发展将长期落后。因此，对于工业上已经有了一定程度的发展但还不强大的国家而言，应该实行保护贸易政策，在国家保护和扶持下发展工业。李斯特对于政府的态度与古典经济学截然不同，他认为政府可以并且应该在必要时干预对外贸易活动，以促进本国经济的发展。保护幼稚工业论在贸易理论史上具有重要的地位，它的出现标志着保护贸易学派与自由贸易学派两大学派的对立正式形成，同时对发展中国家的经济发展具有重要的意义，也给落后国家保护贸易政策的实施提供了参考。长期以来，在中美贸易发展过程中，美国从各个方面向中国施压，要求中国提高市场的准入程度，由此引发多方面的贸易冲突。作为发展中国家，中国如果快速地开放本国市场，在国外产品的全方位竞争下，相关产业将受到致命的冲击，甚至落入"比较优势陷阱"中，即一直依赖于出口低技术、低附加值的初级产品与劳动密集型产品，而国内的高新技术等重要产业在国外强大的竞争压力下受到抑制（姜峥睿，2017）。因此，李斯特的思想对于理解中国渐近式的开放以及中美贸易关系有着重要的指导意义。

　　20世纪30年代发生的经济大危机使传统理论深陷困境，以凯恩斯为首的经济学家开始对经济自由主义进行批评，强调政府干预的作用。凯恩斯及其后继者首先对自由贸易理论进行了批驳，认为传统贸易理论的假设条件是充分就业，但经济大危机表明这个假设前提是不存在的，因此建立在错误假设基础上的理论也是不正确的。在此基础上，凯恩斯主义学者认为政府应该积极干预对外贸易，并且强调顺差有益，理由是经济危机发生的原因是有效需求不足，而出口能有效解决国内需求不足的问题，使企业生产扩大、就业增加。为了证明这一观点，马克卢普和哈罗德等人将凯恩斯的乘数理论引入国际贸易领域，提出了对外贸易乘数理论。对外贸易乘数理论认为可以将顺差的增加额看成是新增国外投资，对于本国就业和国民收入有着倍增效应。凯恩斯主义的保护贸易理论意识到出口对于国内就业与经济增长的作用，在一定程度上揭示了对外贸易与国内经济发展之间的内在联系，对制定宏观经济政策来说一定程度上发挥着借鉴作用。但是，凯恩斯主义的保护贸易理论也存在一定的局限性，没有考虑到过分追求贸易顺差容易导致贸易摩擦。中美贸易关系的焦点之一就是美国对中国长期的贸易逆差，由此构成美国对中国制裁或施压的动机。

在保护幼稚工业论和凯恩斯主义的保护贸易理论的基础上，衍生出许多其他保护贸易理论。首先是保护就业论，该理论认为进口会导致本国企业开工减少甚至是破产倒闭，从而使本国就业和收入水平降低。因此，通过实行贸易保护政策从而限制进口，有利于本国生产的扩张以及就业和收入水平的提高。其次是公平贸易论，该理论认为国际贸易中存在的倾销和出口补贴等不公平竞争行为，直接破坏了国际贸易的秩序，从而需要采取反倾销和反补贴等干预政策限制这种行为的发生。从目前的现实情况来看，公平贸易论是美国对中国采取贸易限制的依据。最后是国家安全论，该理论的观点是对与国家政治、军事和经济安全等相关的重要产品来说，应该采取贸易保护政策对其进出口进行限制，具体的措施包括征收关税、设定市场准入规则和出口直接限制等。这样的做法不仅可以在一定程度上压制其他国家经济实力的提升，还能够间接推动国内产业发展进程，最终达到保障国家安全的目标。国家安全论在中美贸易关系中体现得尤为明显：一方面美国严格限制本国对中国出口高新技术产品，这是中美贸易问题上我国指摘美国的点之一；另一方面中国对于金融、电信等一些关键产业的保护力度较大，这也是美国对中国不断施压的原因之一。

（3）贸易摩擦理论

根据国际贸易理论，完全竞争市场背景下两国可以通过完全分工实现福利最大化，从而不会导致贸易摩擦的出现。然而，一旦市场失灵，贸易伙伴国的经济呈现扭曲时，国际贸易摩擦便会发生。对于由市场失灵导致的国家贸易摩擦，从微观层面上，国际经济学主要是用贸易和产业调整理论以及国际经济扭曲理论来进行说明。

贸易和产业调整理论是基于比较优势理论和要素禀赋论发展而来，主要目的是分析衰退产业部门生产要素向新兴产业部门转移进程中可能出现的问题和如何采取应对政策，并且对国际贸易行为给收入分配造成的影响进行说明。从长期视角来看，国际贸易行为影响收入分配的原因是商品要素密集度不同；从短期视角来看，国际贸易行为引起收入分配格局的变化是由于要素存在不流动性或者特定性的特点。综合以上观点，主流观点认为特定要素模型能够反映现实的国际贸易行为作用下收入分配格局所产生的变化。

国际经济扭曲理论基于帕累托最优资源配置原理，说明在没有达到帕累托最优资源配置条件下出现不科学和不合理的资源配置的条件，同时该理论还分析如何对这种非最优的资源配置进行调节以使其达到最优。其中Bhagwati 等（1998）和 Jones（1971）借助模型对此进行了说明。假设只存在两个可以互相贸易的国家，并且这两个国家都用同样的两种生产要素（劳动和资本）生产两种类型的商品。基于完全竞争的市场条件，两个国家按照比较优势理论的原理进行国际贸易，这样两个国家都能实现帕累托最优。此时，两个国家自身消费这两种类型商品的边际替代率恰好完全等于自身生产这两种类型商品的边际转换率，同时也与进出口贸易中两种商品的边际转换率相等。另外，在生产过程中，两种类型商品在本国国内的资本和劳动的边际替代率也相等。然而，若在国际贸易中以上条件不能同时满足，则会引发国际贸易摩擦。

学术界对国际贸易摩擦产生的原因也开展了丰富的研究。从贸易政策变化方面来看，Brander 和 Spencer（1985）基于不完全竞争假设提出战略性贸易政策，这种贸易政策可以对国家贸易争端产生的原因进行解释。具体来说，国际贸易争端形成的原因是贸易国家在国际贸易过程中都想追逐超额利润。从国际政治经济方面来看，Katzenstein（1978）的研究提到国际贸易摩擦产生是因为国际政治经济霸权往往会呈现周期变化的特征。从微观视角来看，Baron（1997）认为，企业向所在国政府请求贸易保护会引起本国与贸易伙伴国之间的贸易摩擦。以上研究在一定程度上为贸易摩擦的原因分析提供了经济学和政治学的理论基础。从宏观经济方面来看，Gomory 等（2000）的分析表明，落后国家新兴产业的发展会给其贸易伙伴国带来福利，而一旦贸易伙伴国的经济发展达到一定水平，国家之间的利益冲突必然就会出现。

2.2　文献综述

2.2.1　单一"黑天鹅"事件对猪肉供给的影响研究

（1）非洲猪瘟对猪肉供给的影响

在非洲猪瘟对国内猪肉生产的影响方面，从短期来看，非洲猪瘟导致我国生猪产能大幅下降，国内供给急剧下降。根据农业农村部监测数据，自 2019 年 4 月起，我国能繁母猪和生猪存栏量在连续 6 个月的时间内同比下降超过 20%，2019 年 9 月生猪存栏量的同比减少幅度甚至超过了40%。从长期来看，非洲猪瘟的暴发将改变我国生猪养殖规模化水平。一方面，非洲猪瘟疫情下更严格的环境规则和要求可能迫使更多的小规模生猪养殖户退出市场，造成猪肉供给减少（胡向东和郭世娟，2018）。另一方面，非洲猪瘟疫情导致生猪养殖场（户）扩大养殖规模的意愿降低，加快小规模散养户的淘汰进度（聂赟彬等，2020；张海峰，2019）。刘婷婷等（2020）选取仔猪、生猪、玉米、豆粕和白条猪肉作为研究对象，测算非洲猪瘟发生之前和之后的市场分割指数，从而分析非洲猪瘟如何影响我国生猪产业链。研究结果表明，非洲猪瘟对我国生猪产业链产生了严重的负向影响，但是影响程度的大小在生猪产业链环节和省份之间存在差异，具体表现为非洲猪瘟会恶化仔猪、生猪和白条猪肉的市场分割程度，但是对玉米和豆粕市场分割程度的影响较小。从不同省份来看，天津市、江西省、辽宁省和河北省的仔猪市场分割程度受疫情影响最为严重，浙江省、辽宁省、吉林省和河南省的生猪市场分割程度受疫情影响最为严重，浙江省、辽宁省、黑龙江省和吉林省的白条猪肉市场分割程度受疫情影响最为严重。

在非洲猪瘟对猪肉贸易的影响方面，在国内猪肉生产遭受重创和猪肉产量骤降的背景下，我国猪肉的贸易也将发生巨大变化。非洲猪瘟之前，我国猪肉消费约占世界的一半，并且97％的猪肉供给来自我国，因此国内猪肉产量下降导致的猪肉供给缺口将会引起猪肉进口需求的急剧增加（Shao et al.，2018）。首先，非洲猪瘟冲击下我国猪肉进口的目的将由结构性的调剂余缺向总量性的补充进行转变，并且鉴于非洲猪瘟防控难与生猪复产不确定性大，我国猪肉进口增加的趋势将有可能在整个"十四五"期间持续（胡冰川，2020）。其次，非洲猪瘟的暴发会改变我国猪肉的贸易格局，虽然中美经贸摩擦背景下中国对美国猪肉加征进口关税，但截止到2019年5月，中国对美国猪肉的进口量依然在增加，同时预计欧盟也将扩大对中国的猪肉出口（Zhang et al.，2019）。另外，全球范围内非洲猪瘟的暴发也将影响猪肉出口国的贸易情况。研究显示，非洲猪瘟的暴发带来了美国猪肉出口的巨大增加，Carriquiry等（2019）在假定亚洲国家生猪库存下降30％的情况下，预测美国猪肉出口量将增加340万吨，出口额将超过70亿美元。

从非洲猪瘟对猪肉价格的影响来看，非洲猪瘟通过加剧供需矛盾直接助推生猪价格的波动（韩磊，2020；朱宁等，2020），并且在疫情彻底消除或非洲猪瘟疫苗上市前，会通过影响养殖户心态加剧猪价的波动（布瑞克农业咨询，2019）。同时，非洲猪瘟的暴发将导致猪周期内猪肉价格出现波动。Li与Chavas（2020）的研究发现，非洲猪瘟有助于缩短猪肉价格周期，并且对空间价格的长期影响大于对垂直价格的长期影响，原因在于政府区域间贸易禁令的实施。张利庠等（2020）的研究揭示了非洲猪瘟背景下猪周期内生猪价格呈现局部震荡的波动状态，在2018年10月到2019年2月期间，生猪和猪肉价格同时震荡降低，原因在于这段时间还没有出台生猪跨地区调运禁止政策，而猪肉需求也因消费者顾虑食品安全而收紧。胡向东和郭世娟（2018）的研究分析了重大疫情与生猪价格波动之间的规律性，表明生猪产品的价格周期出现拐点往往与重大疫情的暴发密不可分，非洲猪瘟会造成生猪价格剧烈波动，并且这种波动会持续较长时间且波及范围较广。部分学者就非洲猪瘟对猪肉价格的影响进行了实证分析。Mason - D'Croz 等（2020）利用全球经济模型（Global Economic Model）模拟在不同规模的疫情下，猪肉减产对全球猪肉及相关产业的影响，结果表明，猪肉产量的下降将推动全球猪肉价格上涨 17%～85%，猪肉价格上涨导致所有地区的猪肉需求下降，中国人均需求在第一年下降 3%～13%。王刚毅等（2020）通过双重差分方法检验非洲猪瘟和居民消费倾向之间的因果关系，研究结论显示：非洲猪瘟会通过猪肉供给的变化引致猪肉价格的变化，进一步显著影响 CPI 和居民的猪肉消费量，多数居民对猪肉的消费需求下降。马名慧和邵喜武（2020）采用 VAR 模型进行研究，发现非洲猪瘟会影响生猪产业各环节价格的变化，前者是后者的格兰杰原因。

在非洲猪瘟对猪肉消费的影响方面，现有研究主要从两个方面进行分析。一方面，研究普遍认为居民会由于担忧非洲猪瘟疫病会传染人类而出现恐慌心理，从而减少或完全停止消费猪肉产品。朱佳等（2019）对辽宁省沈阳市居民在非洲猪瘟冲击后的猪肉消费情况进行了调查，调查样本当中大约 50% 的居民选择在非洲猪瘟发生后不消费猪肉，其中大概有 10% 的居民以为"食用猪肉会感染非洲猪瘟"，从而由于恐慌情绪而停止消费猪肉。周开锋等（2020）通过微信问卷形式展开猪肉消费调查，考察居民对于非洲猪瘟疫病的认知程度，结果表明接近 85% 的调查对象知道非洲猪瘟对人类没有影响，而剩下接近 15% 的调查对象误认为非洲猪瘟是人畜共患疾病，其中有接近 11% 的调查对象判断受到非洲猪瘟病毒感染的猪肉即使经过高温蒸煮也会对人体产生伤害，在这一系列因素的影响下，猪肉消费会减少。王刚毅等（2020）在采用双重差分方法探讨非洲猪瘟疫病对居民消费倾向的影响的调研中，发现在非洲猪瘟的影响下，深圳、广州、贵阳、南宁和昆明几个城市中有接近 70% 的居民会减少猪肉消费，而这其中大概 49% 的居民减少猪肉消费的原因是对于非洲猪瘟病毒的担忧。葛楠楠等（2020）以电子问卷和纸质问卷相结合的形式在全国开展了非洲猪瘟疫情背景下猪肉消费的问卷调查，调查问卷数据显示，接近 68% 的居民减少猪肉消费，其中大部分人并未意识到非洲猪瘟病毒对人体并没有危害，另外一部分人即使意识到了非洲猪瘟病毒不会危害人体也会为了规避风险而减少购买猪肉。另一方面，部分学者就非洲猪瘟发生后居民肉类产品消费结构的变化进行探讨，结论均表明在非洲猪瘟侵袭下，我国居民会减少对猪肉的消费，增加对其他肉类产品的消费。朱宁等（2020）用 Heckman 两阶段模型实证检验非洲猪瘟对居民畜产品需求结构的影响，韩磊和王术坤（2020）利用历史数据展开非洲猪瘟疫情冲击下我国肉类产品消费变化的定性分析，两项研究结果均表明非洲猪瘟会导致居民消费猪肉产品减少，转而增加其他肉类产品的消费。

（2）中美经贸摩擦对猪肉供给的影响

在中美经贸摩擦对我国猪肉供给影响的研究方面，由于我国猪肉进口占国内总供给量的比重较小，直接研究中美经贸摩擦对猪肉供给影响的文献比较匮乏，大多通过分析中美经贸摩擦对大豆供给的影响间接反映可能进一步给猪肉造成的影响。Zheng 等（2018）采用 GSIM（Global Simulation Model）模型预测中美贸易摩擦背景下同时对美国猪肉、大豆、棉花和高粱加征进口关税对美国农业部门的影响，模拟结果显示，在中美经贸摩擦背景下，美国对中国的猪肉出口额减少高达 83.3%，与此同时，美国国内猪肉产量减少 0.2%、价格上升 0.6%。中美第一阶段经贸协议签订之后，部分学者基于中美第一阶段经贸协议内容，对中国猪肉等畜产品进口的未来变化进行预判。杨皓森和杨军（2020）认为为了履行中美第一阶段经贸协定的承诺，中国将大幅增加从美国进口农产品，其中畜产品的增长潜力可能最大。并且，研究表明我国从美国进口的畜产品和饲料之间有抵消效应，在既定的进口增加数量下，若进口饲料被替代，则进口畜产品的数量将被迫继续增加，从而可能会对国内畜牧业造成冲击。于爱芝和杨敏（2021）认为随着中美第一阶段经贸协议的顺利实施，我国将大幅增加从美国进口大豆、猪肉和棉花，在补充国内供给不足的基础上也给国内相关产业造成了竞争。

（3）新冠肺炎疫情对猪肉供给的影响

在新冠肺炎疫情对国内猪肉生产的影响方面，现有研究均表明新冠肺炎疫情对我国生猪的在产产能的影响从长期来看不会很大，仅仅会引起生猪产业链的上端和下端市场的变化。但是，新冠肺炎短期内给生猪生产造成的影响不容忽视。农业农村部畜牧兽医局局长杨振海表示，新冠肺炎疫情的暴发对生猪生产造成了一定冲击，但是并未从根本上对非洲猪瘟发生后生猪生产的恢复趋势造成影响。朱增勇等（2020）认为短期内，我国生猪产业面临的新冠肺炎疫情带来的冲击主要包括生猪新建产能和引种项目的停滞、饲料等猪肉生产资料和生猪调运受阻、饲料价格的波动、仔猪和种猪价格的上升、兽药供给不足影响猪群健康等，而后期影响主要表现为补栏复产进度、母猪配种率和仔猪成活率对下半年的猪肉供给的影响。Wang 等（2020）设置了五个新冠肺炎疫情下猪肉生产供应链断裂情景，包括生猪运输中断、玉米价格上涨、种畜收购延迟、进口延迟以及四种情景的综合情景，采用猪肉市场的系统动态模型预测新冠肺炎疫情对中国生猪生产和消费的影响。研究结果表明，供应链中断的影响通常是短暂的。

在新冠肺炎疫情对国际市场猪肉供给的影响方面，中国农业科学院北京畜牧兽医研究所副研究员朱增勇结合新冠肺炎疫情对猪肉出口地区供给链的影响，判断欧盟和南美生猪屠宰加工和贸易物流受新冠肺炎疫情的影响较小，因此对中国猪肉出口的影响较小。然而，美国猪肉供给链在新冠肺炎疫情下受到的冲击较大，导致美国生猪存栏达到历史高位且抬高了猪肉出口需求，由于生猪压栏情况严重，价值链下游屠宰分割肉出现供给不足现象，美国猪肉价格波动明显。Mallory（2020）的研究指出，美国的牛肉和猪肉出口显著受到新冠肺炎疫情的影响，主要原因是大量的屠宰场在疫情期间被迫关闭，进而导致猪肉和牛肉的产量均下降 20% 左右。美国农业部数据显示，2020 年 3 月中下旬，美国日均屠宰生猪数量下降了大约 40%。同时，新冠肺炎疫情也导致全球肉类产品价格出现波动，其中猪肉价格受到的影响较大。苏华庚等（2020）的研究指出，重要畜产品生产国的畜禽产品生产、肉类产品加工和贸易受到新冠肺炎疫情的影响巨大，肉类产品的价格由于消费者囤货和屠宰加工的减少短期内呈现上涨趋势，而居民消费需求的减少导致后期猪肉价格出现下跌态势。从全球范围内看，在新冠肺炎疫情冲击下，美国肉类产品价格大幅变化，欧盟肉类产品价格连续降低。

2.2.2 叠加"黑天鹅"事件对猪肉供给的影响研究

部分学者聚焦中美经贸摩擦和非洲猪瘟开展叠加"黑天鹅"事件冲击下的猪肉供给影响研究。Carriquiry 等（2019）综合考虑非洲猪瘟和中美经贸摩擦两项"黑天鹅"事件，用 CARD - FAPRI 模型分析美国和全球农产品市场的变化情况。结果显示，在美国和其他猪肉主产国成功预防非洲猪瘟的前提下，非洲猪瘟的暴发将大大促进美国和全球肉类出口，并影响农作物和牲畜价格。若考虑中美经贸摩擦背景下中国对美国猪肉和大豆加征关税的冲击，则美国猪肉出口将小幅下降。盛芳芳等（2020）采用农产品局部均衡模型，模拟分析在非洲猪瘟和中美贸易摩擦的共同影响下，采取非洲猪瘟应对措施对猪肉市场恢复的效果，以及调低猪肉进口关税和取消加征美国猪肉进口关税对猪肉进口的影响。结果表明，如果不采取任何应对措施，非洲猪瘟的影响将不会消失，但经过市场调节之后下降幅度不会增加，相比于 2018 年，2020 年和 2021 年的猪肉产量将分别减少18.7％和27.9％。在采取应对措施的情况下，2020 年猪肉产量将比不采取措施情景有所增加，但仍然会比 2018 年少10.3％左右，估计 2021 年猪肉价格和产量才有可能完全恢复。另外，下调猪肉的进口关税会引起我国猪肉进口量增加，其中巴西猪肉进口增加最多，高达 30.4 万吨；取消加征美国猪肉进口关税会导致美国猪肉对华出口大幅增加，美国将发展成我国猪肉进口的第二大来源国。

部分研究综合分析非洲猪瘟和新冠肺炎疫情两项"黑天鹅"事件对我国猪肉供给的影响。张利庠等（2020）认为，长期内通过能繁母猪和生猪补栏恢复非洲猪瘟冲击下减少的生猪产能成为必然趋势，然而新冠肺炎疫情会在非洲猪瘟的基础上进一步给生猪产业的产量稳定和供给保障带来不确定性，导致我国生猪产业恢复面临巨大挑战。一方面，新冠肺炎疫情对生猪产业链产生了较大的影响（朱增勇等，2020），政府出台的疫情防控措施虽然能够对病毒传播起到很好的阻断作用，但同时也会导致非洲猪瘟冲击下生猪复产所需的饲料供应和仔猪补栏等物资调运受到阻碍（叶兴庆等，2020），直接影响新建养殖场及配套设施项目的运行进度。另一方面，新冠肺炎疫情导致养殖工人的规模和工作时间被明显压缩，一定程度上降低了生猪复养复产效率，从而不利于保障我国猪肉供给安全。

Cao 等（2020）预估了中美经贸摩擦和新冠肺炎疫情两项叠加"黑天鹅"事件下我国猪肉未来进口可能发生的变化。具体来说，该研究通过情景分析明确新冠肺炎疫情对我国农产品供给的可能影响，并进一步结合中美第一阶段经贸协议的实施情况，预估中国农产品，尤其是肉类进口的增长情况。研究结果表明，由于新冠肺炎疫情背景下猪肉供应链的断裂以及中美第一阶段经贸协议对中国进口农产品总额的要求，未来中国猪肉产品的进口很可能在数量上有较大幅度的增长，但在价值上下降的幅度较小。

2.2.3 "黑天鹅"事件对大豆供给的影响及对策研究

（1）中美经贸摩擦对大豆供给的影响

在中国对自美国进口的农产品加征关税的冲击下，关于中美贸易摩擦对农产品贸易影响的研究均显示中国对美国大豆的进口量下降并且进口价格上升，相反，中国从第三方国家进口农产品的数量会增加，美国对第三方国家农产品的出口会增加。贸易数量和价格的变化幅度根据研究对象和研究方法选取的不同而存在差异。第一类研究基于局部均衡模型或一般均衡模型展开分析。Taheripour 和 Tyner（2018a，2018b）利用 GTAP - BIO（Global Trade Analysis Project - Biofuels）模型分别预测中国对从美国进口的大豆、玉米、小麦、高粱和牛肉加征 25% 关税的影响以及中国对美国大豆分别加征 10% 和 30% 关税的影响，结果显示：在标准弹性和较高贸易弹性设定下，对多种农产品加征 25% 的关税会导致中国从美国进口的大豆分别下降 48% 和 91%，从巴西进口的大豆分别增长 18% 和 36%；对大豆加征 10% 和 30% 的进口关税会导致中国进口美国大豆分别减少 18%～45% 和 46%～92%。张莹等（2019）、周曙东等（2019）和苏静萱（2020）均采用 GTAP 模型对中美贸易摩擦对农业部门的影响进行分析，研究结果表明，中美贸易摩擦背景下双方加征关税会影响中国农产品总进口，而大豆和肉类产品的进口下降幅度最大，其中供给短缺较多的大豆进口将由美国向巴西、阿根廷转移。中国农业产业发展研究课题组

（2018）利用中国农业产业模型评估了中美贸易摩擦对贸易双方农产品市场的影响，结果指出，中美贸易摩擦双方加征关税将导致美国对华农产品出口额下降约40％，其中美国大豆的出口额下降约50％，中国大豆的进口价格上涨约5.88％。Zheng等（2018）采用GSIM（Global Simulation Model）模型预测中美贸易摩擦对美国农业的影响，结果表明美国对中国的大豆出口额减少34.2％，猪肉出口额减少更是高达83.3％。Wang（2018）假设中国对进口大豆的价格需求弹性为0.4～1.1并建立全球生产和贸易模型对中国加征美国大豆进口关税的影响展开研究，结果表明，巴西通过增加对中国大豆的出口福利将会增加27亿美元。张玉梅等（2021）采用全球农产品局部均衡模型——"一带一路"农业模拟模型（SILK模型）模拟继续中美贸易摩擦和达成中美经贸协议两种情景对各国大豆产业带来的潜在影响。研究结果表明，在中美贸易摩擦情景下，我国大豆需求和进口都会减少，并且进口美国大豆急剧减少，进口巴西和阿根廷等国家大豆大幅增加。在达成协议情景下，我国自美进口大豆增加，自巴西和阿根廷进口大豆减少。若进一步考虑非洲猪瘟的影响，巴西和阿根廷对中国出口大豆的减少幅度更大。余洁等（2021）利用进口需求模型（AIDS）识别中美经贸摩擦背景下加征关税对农产品贸易的损害、转移和创造效应。实证结果表明，我国对美国大豆加征进口关税将出现明显的贸易转移效应和创造效应，这说明我国对美国大豆的进口依赖并不是刚性的。具体来说，我国对美国大豆每增加1％的进口关税，将会导致我国进口美国大豆减少1.29％，而进口巴西和阿根廷大豆分别增加0.67％和0.66％。第二类研究基于历史数据或历史经验展开分析。李安林和张蕊（2019）利用月度数据，通过VAR模型评估中美贸易摩擦对中国大豆进口的影响，研究结果表明，加征美国大豆进口关税会减少中国进口美国大豆，但是由于巴西大豆进口增加能够替代美国大豆进口的减少，所以对中国大豆总进口的影响很小，并且减少趋势表现出逐渐收敛的特点。Muhammad（2018）通过分析美国和巴西大豆出口价格的变化关系，发现若中国对美国大豆加征25％的进口关税，中国大豆进口将会减少14亿～77亿美元。王辽卫（2018）分三个阶段定性分析中美贸易摩擦对我国大豆产业的短期和长期的进口影响：第一阶段，由于巴西进口能够得到保障，并且国内大豆库存高企，短期内市场供应充足；第二阶段，季节性原因导致巴西大豆进口大幅减少，国内大豆供给预计将会减少；第三阶段，由于 2019 年南美国家和"一带一路"沿线国家大豆产量有希望增加，因此从长期来看中国大豆进口一定程度上能够得到保障。

关于中美贸易摩擦对大豆价格的影响方面，现有研究结果基本一致，表明加征自美进口大豆关税后，中国国内大豆价格上升，美国国内大豆价格下降。运用局部均衡或一般均衡模型展开的研究往往会同时分析外生冲击下价格和数量的内生变化情况，与前文中美贸易摩擦对大豆贸易影响的研究相对应，在价格影响方面的研究结果如下。Taheripour 和 Tyner（2018a）的研究结果表明，中国加征 25％的关税对美国大豆的价格影响有限，Taheripour 和 Tyner（2018b）的研究显示，中国对美国大豆分别加征 10％和 30％的关税时，美国大豆国内价格分别下降 1.95％和4.35％。周曙东等（2019）、张莹等（2019）和苏静萱（2020）的研究结果表明，中美贸易摩擦将导致大豆进口价格上升，中国国内大豆市场价格也相应上涨，从而引起豆粕价格的上涨，带来饲料成本上升，美国的国内大豆市场价格降低，巴西、阿根廷等南美国家相关农产品的国内价格小幅提高。Zheng 等（2018）的研究指出，在中美贸易摩擦冲击之下，美国国内大豆、棉花、高粱和猪肉的价格都会下降，其中大豆价格下降 3.9％。部分学者基于历史数据和经验定量分析中美贸易摩擦冲击之下大豆价格的变化情况。田欣等（2018）基于历史数据，以大豆和玉米为例，研究中美贸易摩擦背景下加征关税所带来的我国农产品市场的变化，发现大豆价格出现较小幅度增加。普蕾喆和钟钰（2018）的研究考虑到了北美和南美大豆交替上市给大豆价格带来的季节性影响，指出对美国进口大豆加征25％的关税预计会导致进口成本上涨 24.27％，在固定市场份额下将使大豆价格提高约 8.34％，在市场份额变化并考虑巴西大豆涨价风险的情况下将使大豆价格提高约 9.69％，且大豆交替上市将导致提价效应呈现明显的季节性变化。一些研究以加征美国大豆进口关税为例展开定性分析，认为对美国大豆加征关税将会给我国大豆供给造成压力，并推动进口成本的提高，从而进一步影响国产大豆及相关产品的价格。徐斯（2018）指出加征关税对中国大豆产业的影响主要体现为国内大豆供应趋紧，但价格上涨有限，从而对食用油和饲料价格的影响较小，进而导致肉禽类产业成本增加有限。马文峰和陈杨（2018）认为进口成本提升必然推高国产大豆的价格水平。金洁颖和华晶（2018）的研究表示，中国增加美国大豆的进口关税将促使中国寻找其他的大豆进口渠道，例如增加从巴西的进口，从而造成巴西大豆价格上涨，引起我国进口成本的上涨；进一步地，大豆和猪肉产品的国内需求有可能超过供给，由于中国国内产量增加的空间有限且短期内进口总量缩减空间不大，从而可能导致相关农产品价格的增加。

中美贸易摩擦给生产方面带来的影响的研究主要集中于采用局部均衡或一般均衡模型进行相关分析。目前的研究结果显示，加征自美进口农产品的进口关税会导致中国国内农产品生产增加，美国国内农产品生产减少，同时部分第三方国家农产品的产量增加。Taheripour 和 Tyner（2018a）的研究结果表明，在标准弹性和较高贸易弹性设定下，美国大豆产量下降 11%～15%，巴西大豆产量上升 9%～15%，中国大豆产量上升 3%～5%，美国高粱产量减少 4%，美中两国的油菜籽产量上升，而巴西油菜籽产量减少。Taheripour 和 Tyner（2018b）的研究结果显示，中国对美国大豆分别加征 10% 和 30% 的关税时，美国大豆产量分别减少 5.7% 和 13.9%。Zheng 等（2018）的研究结果指出，中美贸易摩擦发生后，美国国内大豆、棉花、高粱和猪肉的产量都会下降，其中大豆产量下降 1.6%。张莹等（2019）的研究结论显示，由于中美双边贸易摩擦的升级，我国对美国大豆继续加征进口关税将促进国产大豆生产扩张，同时美国大豆产量将会降低，巴西、阿根廷等南美国家大豆产量扩大。Wu（2019）采用 GTAP 模型模拟贸易摩擦对大豆进口和生产的影响，并基于时空角度和省级角度采用能值核算方法来评估中国大豆供应的可持续性。能值可持续性指数（ESI）的结果表明，我国迫切需要增强黑龙江省大豆种植的可持续性，并且云南是最适合种植大豆的地方。在国际供应方面，2000—2015 年中国的能源交换率（EER）下降了 72%，而省一级的 EER

下降幅度从 59% 上升到 86%，因此调整我国大豆种植空间结构十分具有必要性。

部分研究对中美贸易摩擦影响中国大豆产业发展的走向进行了分析，观点不尽相同。部分学者认为中美贸易摩擦将会给我国大豆产业造成较大冲击，应该发挥其警示作用，例如崔宁波和刘望（2019）认为，中美经贸摩擦将给国内和国际大豆市场造成长期影响，具体表现为全球大豆贸易格局出现明显改变，从而可能会不利于我国大豆进口来源多元化、国内生产布局和农业供给侧结构调整。然而，一些学者对贸易摩擦给我国大豆产业带来的影响持乐观态度，认为贸易摩擦对于我国大豆产业发展来说可能是一次良好的契机。从我国粮食市场来看，贸易摩擦会引发我国大豆供给结构的变化，但不足以对我国的粮食市场产生实质性影响，只要坚守粮食安全底线，那么这次贸易摩擦将会是我国粮食供给结构转型的良好机会（孙中叶等，2018）。一些学者从产业层面考察，认为中美贸易摩擦对制造业和高新技术产业冲击比较大，中国农业反而可能从中受益。例如，由于大豆和玉米等被纳入征税范围，政府对国内农产品的价格补助会相应提高，能进一步促进国内农业现代化发展（张成虎和杨梦云，2018）。一些学者认为中美贸易摩擦背景下加征美国进口大豆关税有利于我国国产非转基因大豆市场的发展，将会给我国国内油料加工厂带来盈利提升的机会，主要原因在于非转基因大豆市场需求的明显上升将充分发挥国产大豆的优势（金洁颖和华晶，2018）。长期来看，对美国大豆加征关税将有利于增强中国非转基因大豆市场的世界话语权，并且有利于优化国内食用油市场，为国产非转基因大豆抢回国内食用油市场提供战略机遇（张振等，2018）。

（2）大豆方面应对中美经贸摩擦的对策

在减少国内大豆需求方面，为了应对中美经贸摩擦的冲击，需要调整国内畜禽产业的蛋白粮消费结构，从而抑制豆粕消费和减少大豆进口需求。国内农业领域的专家和学者认为调减大豆需求的前景趋于乐观。时任中央农村工作领导小组办公室副主任韩俊认为，我国应该通过调整饲料配方减少豆粕用量和应用配制新技术降低蛋白类原料需求，并增加其他油籽和粕类进口，从而减少大豆需求，应对美国大豆进口的减少①。北京东方牧人信息科技有限责任公司总经理胡文辉从专业角度指出，饲料配方从原则上来说没有不可替代的东西，指出调整饲料配方从而减少饲料中豆粕使用量就基本上可以减轻经贸摩擦背景下大豆进口成本上升带来的压力。王辽卫（2018）指出，可以通过抑制豆粕消费来实现中美贸易摩擦之后的大豆供需再平衡。当前我国饲料中豆粕的添加比例相较于 10 年前提高了 2%～3%，这一情况说明大豆饲料原料在我国的需求弹性较大，优化畜禽饲料配方可以成为减少大豆饲料原料需求的重要备选方案。

在增加国内大豆供给方面，为了弥补中美贸易摩擦带来的美国大豆进口的减少，一方面需要刺激国内大豆生产，另一方面需要增加从除美国之外的其他国家进口大豆。其中，时任中央农村工作领导小组办公室副主任韩俊指出，面对中美贸易摩擦给我国大豆供给造成的冲击，我国应该完善大豆扶持政策，提高国产大豆综合生产能力②。魏浩（2018）指出，政府应该结合中国农业供给侧结构性改革的背景，激励国内大豆种植增加，从而提高我国大豆总供给。在增加除美国之外的其他国家大豆进口方面，现有研究主要立足于增加从巴西等大豆主产国进口和增加从"一带一路"沿线国家进口两个角度。王辽卫（2018）提出中国应该考虑增加从美国以外地区进口大豆，并且在合适时机向市场投放大豆储备，增加国内市场的大豆供应。中国农业产业发展研究课题组（2018）认为从长期来看，我国可以通过增加从"一带一路"沿线国家进口大豆替代产品，或者增加国内大豆生产等措施减少中美贸易摩擦中美国大豆进口减少的影响。张振等（2018）指出，在贸易新形势背景下，我国大豆产业发展要不断推进国际化和市场化改革，提高统筹利用国际资源的能力。魏浩（2018）指出，中国政府应该促进大豆进口来源多元化，并增强进口来源的稳定性，为提供美国大豆替代产品做好准备，从而有效缓解由美国进口大豆成本变动带来

---

①② 新华社北京 8 月 10 日电，题：中国农业对外开放的大门不会关上——中央农办副主任、农业农村部副部长韩俊回应中美贸易摩擦中的农业焦点问题，见 http：//www.gov.cn/xinwen/2018－08/10/content_5313092.htm。

的国内相关农产品市场波动问题。

（3）非洲猪瘟对大豆供给的影响研究

非洲猪瘟引发猪肉价格波动，作为猪肉供应链上游产品的大豆的价格也相应出现波动，已有研究普遍认为非洲猪瘟疫情的暴发会抑制大豆的需求，从而导致大豆价格下降。中国大豆进口占全球油籽贸易的一半以上，随着中国暴发非洲猪瘟，全球饲用大豆的消费将受到限制（Pitts and Whitnall，2019）。在非洲猪瘟疫情发生和生猪生产恢复期间，猪肉产量的下降会同时影响中国国内对大豆的巨大需求，Zhang 等（2019）通过对中国 2018 年猪肉产量与饲料重量比例的简单测算，发现猪肉产量减少 14% 将导致大豆进口需求减少 10%。张海峰（2019）结合实际数据定性分析非洲猪瘟带来的影响，研究结果表明，生猪产能骤降引起豆粕等饲料原料价格的下跌。Mason‑D'Croz 等（2020）通过国际农产品和贸易政策分析模型（IMPACT）评估非洲猪瘟对全球玉米和豆粕价格的影响，结果显示，在中国生猪产量降低 80% 的情况下，全球豆粕价格将下降 2%。

（4）新冠肺炎疫情对大豆供给的影响研究

新冠肺炎疫情背景下，我国国产大豆供给基本没有受到影响，但是国际市场大豆供给可能会由于供应链的断裂出现巨大缺口，影响不容忽视。陈志钢等（2020）指出，巴西和阿根廷等南美国家以及美国和加拿大等北美国家是疫情较重的国家，因此需要对疫情造成的农业生产影响进行高度重视。其中，美国、巴西和阿根廷均为大豆主产国，在疫情期间大豆供应极有可能受到巨大挑战。在疫情最严重时期，阿根廷公布了全国范围内的"封城"和强制隔离政策，虽然谷物运输商可以免于遵守隔离政策，但仍无法保证疫情进一步升级情况下谷物运输不会中断。巴西在疫情期间面临排船期延长、罢工隐患增加、部分州区中断城市之间的交通等挑战，使大豆出口贸易面临较大的不确定性（程国强和朱满德，2020）。另外，若国际投机资本借着新冠肺炎疫情舆论炒作大豆产品，必定会导致我国进口企业和加工企业面临较大的价格波动危机，不仅有可能出现进口成本剧增的现象，而且若防控不当很难避免再次经历在 2004 年和 2008 年出现过的大量加工企业破产倒闭的情况。

2.2.4 "黑天鹅"事件对农产品市场影响的模拟方法

由于"黑天鹅"事件属于不可预知的突发事件，因此现有关于"黑天鹅"事件对我国农产品供给影响的定量研究多数采用局部均衡或一般均衡模型进行定量分析，所涉及的模型主要包括以下几类。

第一类模型为多部门均衡模型，主要包括以下几种。第一种为全球贸易分析模型（Global Trade Analysis Project，GTAP），周曙东等（2019）、张莹等（2019）、苏静萱（2020）和 Wu（2019）均采用 GTAP 模型对中美贸易摩擦对农业部门的影响进行分析，结论一致认为中美经贸摩擦会导致我国从美国进口的大豆和肉类产品大幅下降，其中对美国大豆进口的减少将会一定程度上由巴西和阿根廷大豆进行补充，但存在影响程度上的差异，主要是由选取的产品范围不同所导致。第二种为全球贸易分析—生物燃料模型（Global Trade Analysis Project - Biofuels，GTAP - BIO），是 GTAP 模型的衍生模型，这一模型通常用于研究生物燃料生产和政策对经济和土地利用的影响。Taheripour（2018）利用 GTAP - BIO 模型评估中国对从美国进口的大豆、玉米、小麦、高粱和牛肉加征关税对中美农产品市场的影响。第三种为全球模拟模型（Global Simulation Model，GSIM），由 Francois 和 Hall（2003）开发，该模型在国家产品存在差异的先决条件之下，假定消费者可以区分不同国家或地区的产品，用来评估产业、全球或国家层面的贸易政策变化带来的影响。Zheng（2018）采用 GSIM 模型预测了中美经贸摩擦背景下中国加征美国猪肉、大豆、棉花和高粱进口关税对美国农业部门的影响。第四种为 CARD - FAPRI 模型，这是一个局部均衡模型，涵盖所有重要国家农产品的供给方程和需求方程，从而能够模拟生产和消费变化带来的影响。Carriquiry 等（2019）用该模型来分析非洲猪瘟和中美经贸摩擦两项"黑天鹅"事件对美国和全球农产品市场的影响。以上模型均能很好地刻画"黑天鹅"事件对农业部门和农产品市场的影响，然而无法从中国国内不同地区维度细致分析"黑天鹅"事件给农业生产带来的影响。

第二类模型为农业部门模型与多部门模型的联结模型，主要包括以下几种。第一种为 IMPACT 模型和 GLOBE CGE 模型的联结模型。IM-PACT 模型由国际粮食政策研究所开发（Robinson et al.，2015；Rosegrant et al.，1995），是一个局部均衡模型，只包括农产品和市场，不包括农业和其他经济部门之间的联系，被用来确定冲击对农业部门的影响。GLOBE 模型被 McDonald 等（2006）详细阐释，是一个一般均衡模型，从国民经济层面上将所有商品的生产和需求以及国家之间的贸易结合起来，被用于分析农业变化对其他经济部门的影响，追踪农业和非农业部门之间的直接和间接联系。Mason－D'Croz 等（2020）通过联结 IMPACT 模型和 GLOBE CGE 模型模拟分析了在不同规模的非洲猪瘟疫情下猪肉减产对全球猪肉及相关产业的影响，及如何进一步影响全球经济运行。第二种为中国农业产业模型和"一带一路"农业模拟模型的联结模型。这两个模型由中国农业科学院与国际食物政策研究所联合开发。中国农业产业模型是一个包括多个农业产业的局部均衡模型，优势在于能够反映能繁母猪和商品猪之间的供需平衡关系，对畜产品市场的模拟更加科学和系统。"一带一路"农业模拟模型是一个全球农产品局部均衡模型，且能模拟双边贸易政策改变对全球农产品贸易格局的影响。盛芳芳等（2020）采用中国农业产业模型和"一带一路"农业模拟模型的联结模型（SILK 模型）探讨了在非洲猪瘟和中美经贸摩擦的叠加冲击下，采取不同的应对措施对猪肉供给恢复的效果。同样，以上农业部门模型与多部门模型的联结模型均不能反映中国国内不同地区农产品生产在"黑天鹅"事件下的变化情况。

第三类模型为基于均衡理论构建的简化模型，主要包括以下几种。第一种为 SAM（Social Accounting Matrix）模型。SAM 模型是一个会计矩阵，将投入产出账户与国民收入和产品账户整合在一起，显示经济中商品和服务的流动以及所有经济参与者的相应收支。由于"黑天鹅"事件的突发性和不可预知性，短期调整不太可能通过在商品和要素市场上平稳运行的价格和工资的变化来起作用，因此相较于可计算的一般均衡模型，SAM 模型更适合用来分析这类事件对经济运行的影响。Zhang 等（2020）

用 SAM 模型评估新冠肺炎疫情给中国宏观经济和农业食品体系带来的潜在经济成本，并提出刺激经济增长和农业食品体系发展的政策建议。第二种为系统动态商品周期模型（A System Dynamics Commodity Cycle Model）。系统动态商品周期模型由 Meadows（1971）首次引入，具有两个方面的优点。首先，系统动态商品周期模型既包含了市场的供需双方，又灵活地捕捉了猪肉市场不同阶段的相互作用，可以用来解释商品的周期性变化。其次，系统动态商品周期模型能够模拟短期到中期市场动态变化情况。Wang 等（2020）用该模型模拟分析了新冠肺炎疫情下猪肉生产供应链断裂对中国生猪生产和消费的影响。第三种为贸易引力模型。贸易引力模型是一种常用的局部均衡模型，用于评估贸易模式和预测贸易潜力，但是未能涵盖反映广泛经济联系的一些基本参数，如消费者偏好和生产技术等。Cao 等（2020）利用这一模型，预估了中美经贸摩擦和新冠肺炎疫情对我国猪肉未来进口的影响，揭示了全球需求下降、SPS 措施数量增加、合规成本增加等各种因素背后的复杂机制。简化模型能够就某一研究问题进行充分解释与说明，但是避免不了忽视关联产品和关联市场变化对模拟结果造成的干扰。

2.2.5　文献述评

自中美经贸摩擦、非洲猪瘟和新冠肺炎疫情多项"黑天鹅"事件相继发生后，国内外学者针对"黑天鹅"事件背景下猪肉及其相关产品的供给变化的研究比较全面，但仍然存在进一步完善的空间。

第一，在"黑天鹅"事件影响我国猪肉供给的研究方面，存在以下几个方面的局限性。首先，由于 2018 年以来发生的"黑天鹅"事件具有叠加发生的特征，因此现有基于历史数据用计量方法分析单一"黑天鹅"事件对我国猪肉供给影响的研究很难完全排除其他"黑天鹅"事件影响的干扰，因此估计结果可能存在误差。其次，现有关于"黑天鹅"事件对我国猪肉供给影响的模拟研究大多只能从产业或国家层面展开分析，因此无法刻画"黑天鹅"事件对我国国内不同地区猪肉生产的差异化影响，研究结论能够提供的信息有限，从而无法据此制定地区差异化的应对政策。最后，现有关于"黑天鹅"事件对我国猪肉供给影响的模拟研究大多仅分析一类或两类"黑天鹅"事件带来的影响，且模拟方法和研究范围不尽相同，因此无法综合前人研究在同一体系内比较和评估各种"黑天鹅"事件对我国猪肉供给的影响大小。

第二，在"黑天鹅"事件背景下我国猪肉供给短缺和价格上升的对策研究方面，已有研究大多数都停留在定性剖析和解读层面，科学规范的量化研究比较匮乏。并且，现有极少数的量化研究也只是评估了政策效果，没有同时对政策成本进行测算，从而无法确定政策的可行性以及评价多种可选政策的优劣性，大大削弱了研究对于政府制定"黑天鹅"事件冲击下猪肉供给风险应对政策的参考价值。

第三，在评估"黑天鹅"事件影响我国猪肉供给的模拟方法方面，可能存在以下几点需要完善之处。首先，现有局部均衡模型或一般均衡模型多从产业或国家层面上评估"黑天鹅"事件对我国农产品供给造成的影响，不能反映其对不同地区农产品生产的差异化影响。但是，农业生产对自然资源的条件要求较高，而自然资源在空间分布上具有明显的地域差异性，从而也决定了不同地区农产品生产的成本和收益不同。因此，在衡量"黑天鹅"事件对我国农产品生产的影响时，只从国家层面上进行分析，而不区分不同地区进行异质性分析，会大大削弱研究的参考价值。其次，现有局部均衡模型或一般均衡模型多基于年度数据分析"黑天鹅"事件对我国农产品供给的影响，从而有可能会忽视国内农产品生产以及国际市场上不同国家农产品上市的季节性因素的干扰。基于此，研究结果将损失重要信息，甚至可能存在显著误差。最后，现有局部均衡模型或一般均衡模型多将转基因大豆和非转基因大豆视为同一种大豆产品，然而这两种大豆在用途上存在明显区别，转基因大豆主要用作榨油生产豆油和豆粕饲料原料，而非转基因大豆主要为食用用途。因此，当研究涉及大豆和畜禽产品关联市场时，将大豆区分成转基因大豆和非转基因大豆进行分析十分必要，否则可能会降低研究结果的可信度。

3 理论分析与分析框架

本章对中美经贸摩擦、非洲猪瘟和新冠肺炎疫情每项"黑天鹅"事件对我国农产品市场的影响进行了理论分析，厘清"黑天鹅"事件对我国猪肉及饲用大豆的影响机制。在理论分析的基础上，搭建了本研究的分析框架，以明确研究思路。

3.1 理论分析

3.1.1 中美经贸摩擦对农产品市场的影响

为了简化理论分析，本部分假设最初中国没有对美国农产品征收任何进口关税，进而分析中美经贸摩擦背景下对美国农产品征收进口关税后的影响，其影响路径和作用机制与最初已经对美国大豆征收进口关税、随后又加征进口关税的作用机制一样。如图 3-1 所示，中国对美国加征一定比例的农产品进口关税导致中美两国贸易成本增加，由此引起美国农产品供给曲线向左旋转（由 S_1^U 到 S_2^U），美国国内农产品的市场均衡供给和需求也相应发生变化。同时，中国对美国农产品加征进口关税也导致了国际市场进口价格由 P_1 增加到 P_2，从而中国市场对应农产品的需求由 QD_1^C 减少到 QD_2^C，供给由 QS_1^C 增加到 QS_2^C。在美国和中国市场发生变化的共同作用下，国际市场美国农产品的超额供给曲线也向左旋转（由 ES_1 到 ES_2），中国对美国农产品的超额需求也从 Q_1 减少到 Q_2。

对美国农产品加征进口关税会导致中国对美国农产品进口减少，为了满足国内农产品的需求，中国会增加对除了美国之外的其他地区农产品的需求，即需求曲线由 D_1^C 右移到 D_2^C（图 3-2）。在中国农产品需求曲线发生移动的情况下，国际市场农产品超额需求曲线由 ED_1 右移到 ED_2，国际市场价格从 P_1 上升到 P_2，从而导致其他地区国内市场的供需均衡也相应发

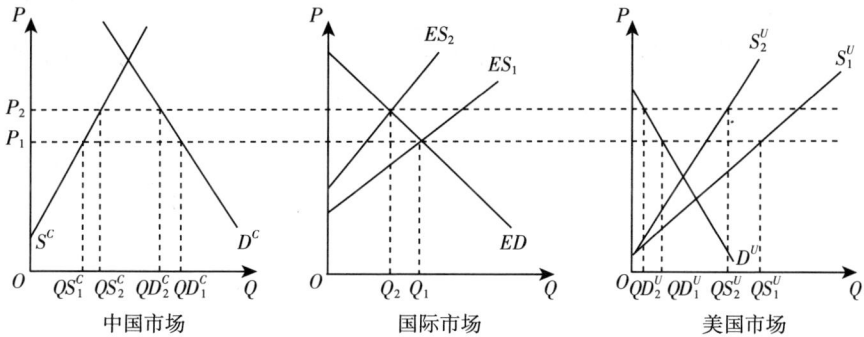

图 3-1 加征美国农产品进口关税对中美农产品市场的影响机制

生变化。其他地区国内农产品供给由 QS_1^W 增加至 QS_2^W，需求由 QD_1^W 减少到 QD_2^W，从而国际市场该农产品的超额供给相应增加，最终国际市场供需均衡数量由 Q_1 增加到 Q_2。

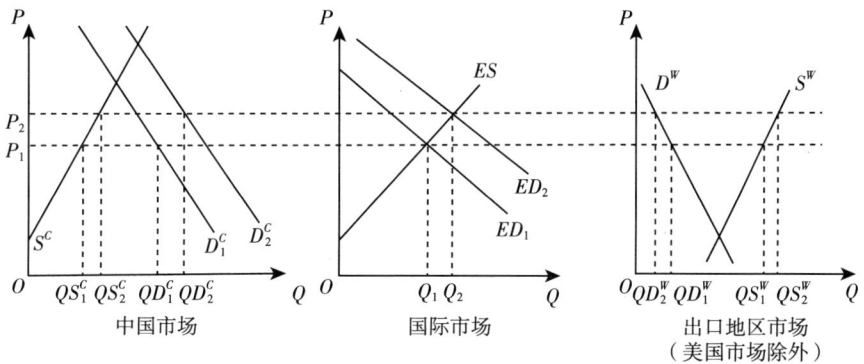

图 3-2 加征美国农产品进口关税对中国和其他地区农产品市场的影响机制

图 3-1 和图 3-2 反映的都是中国对美国的某种农产品（猪肉或大豆）加征进口关税给这种农产品本身的国际和国内市场直接带来的影响。然而由于大豆是猪肉生产最重要的蛋白质饲料原料，对美国猪肉加征进口关税也会间接对大豆的国际贸易和贸易国国内的供需均衡造成影响，同样，对美国大豆加征进口关税也会间接对猪肉的国际贸易和贸易国国内的供需均衡造成影响。由图 3-1 和图 3-2 知，对美国猪肉加征进口关税会导致全球猪肉进口价格的增加，从而刺激国内猪肉生产。由于大豆是猪肉生产最重要的蛋白质饲料原料，因此猪肉生产的增加间接引起大豆需求

曲线的右移，由此影响国内和国际市场大豆的供需均衡。本研究将结合图 3-3 对此进行理论分析。加征美国猪肉进口关税导致中国大豆需求曲线由 D_1^C 右移到 D_2^C，国际市场大豆超额需求曲线由 ED_1 右移到 ED_2，国际市场大豆价格从 P_1 上升到 P_2，从而引起其他地区大豆供给由 QS_1^W 增加到 QS_2^W，需求由 QD_1^W 减少到 QD_2^W，引起国际市场大豆超额供给相应增加。最终，国际市场大豆供需均衡数量由 Q_1 增加到 Q_2。

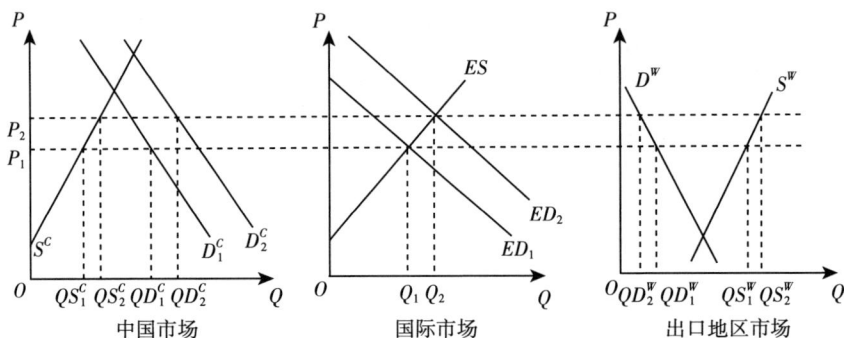

图 3-3　加征美国猪肉进口关税对大豆市场的影响机制

　　另外，加征美国大豆进口关税会导致世界市场大豆价格上升，猪肉生产成本增加，因此会导致中国猪肉供给曲线由 S_1^C 左移到 S_2^C（图 3-4）。国际市场猪肉超额需求曲线由 ED_1 右移到 ED_2，国际市场大豆价格从 P_1 上升到 P_2，从而引起其他地区大豆供给由 QS_1^W 增加到 QS_2^W，需求由 QD_1^W 减少到 QD_2^W，引起国际市场猪肉超额供给相应增加。最终，国际市场大豆供需均衡数量由 Q_1 增加到 Q_2。

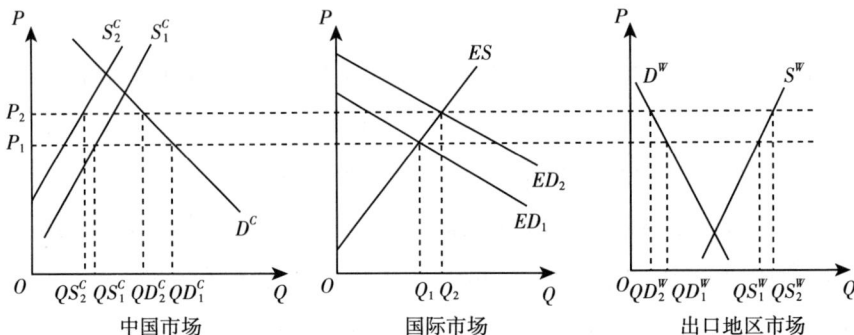

图 3-4　加征美国大豆进口关税对猪肉市场的影响机制

3.1.2　非洲猪瘟对农产品市场的影响

非洲猪瘟对我国猪肉供给的影响主要有两个方面。在国内供给方面，非洲猪瘟导致我国国内生猪大量死亡，由此引起国内猪肉产量急剧下降。在国际供给方面，我国猪肉的部分进口来源国（例如德国）也遭受非洲猪瘟侵袭，不仅引起出口国的猪肉超额供给下降，也会导致中国限制对该国猪肉的进口，由此造成猪肉进口量减少。根据以上分析，如图 3-5 所示，中国的猪肉供给曲线由 S_1^c 左移到 S_2^c，猪肉出口地区的猪肉供给曲线由 S_1^w 左移到 S_2^w，因此分别使国际市场猪肉的超额需求曲线从 ED_1 右移到 ED_2，超额供给曲线由 ES_1 左移到 ES_2。在国内外市场的共同作用下，国际市场猪肉价格从 P_1 上升到 P_2，贸易量从 Q_1 增加到 Q_2。值得注意的是，若出口地区市场受到非洲猪瘟影响较大，供给曲线由 S_1^w 左移到 S_3^w，国际市场超额供给曲线由 ES_1 左移到 ES_3，则猪肉进口价格由 P_1 上升到 P_3，此时贸易量会下降，即从 Q_1 减少到 Q_3。相应地，中国国内和国际出口地区市场的猪肉供需状况也会发生变化，由于与上述分析类似，不加以赘述，在图 3-5 中由于空间有限也未标注对应的供需数量指标。综合以上分析，非洲猪瘟暴发会如何影响我国猪肉进口量和供需数量以及影响程度多大取决于国内外市场受到非洲猪瘟冲击的严重程度。若考虑在非洲猪瘟冲击下，居民由于恐慌心理而对猪肉需求减少，那么中国的猪肉需求曲线会由 D_1^c 左移到 D_3^c，造成我国对国际市场猪肉的超额需求曲线由不考虑猪肉需求减少时的 ED_2 左移到 ED_3，猪肉供需均衡数量和价格也相应减少。

受非洲猪瘟导致的猪肉产量下降影响，我国对作为饲料原料的大豆的需求也相应减少，因此大豆需求曲线由 D_1^c 左移到 D_2^c，超额需求曲线从 ED_1 左移到 ED_2（图 3-6）。将除中国之外的其他地区视为一个整体，由于中国是猪肉和大豆的进口国，则其他地区为猪肉和大豆的出口地区。出口地区市场受非洲猪瘟冲击后对大豆的需求也下降，当下降幅度较小时，需求曲线由 D_1^w 左移到 D_2^w，国际市场大豆超额供给曲线由 ES_1 右移到 ES_2，进口价格由 P_1 下降到 P_2，贸易量从 Q_1 减少到 Q_2；当下降幅度较大时，需求曲线由 D_1^w 左移到 D_3^w，国际市场超额供给曲线由 ES_1 右移到 ES_3，进口

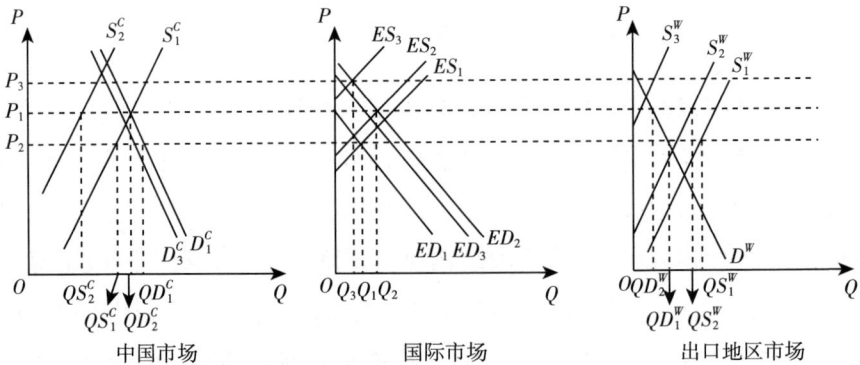

图 3-5　非洲猪瘟对猪肉市场的影响机制

价格由 P_1 下降到 P_3，贸易量从 Q_1 增加到 Q_3。综上所述，非洲猪瘟会导致大豆市场价格下降，但我国的进口量变化取决于非洲猪瘟对国内外猪肉生产影响的相对程度。当对国际市场猪肉生产影响较大时，我国大豆进口量将会增加；当对我国猪肉生产影响更大时，我国大豆进口量将会减少。

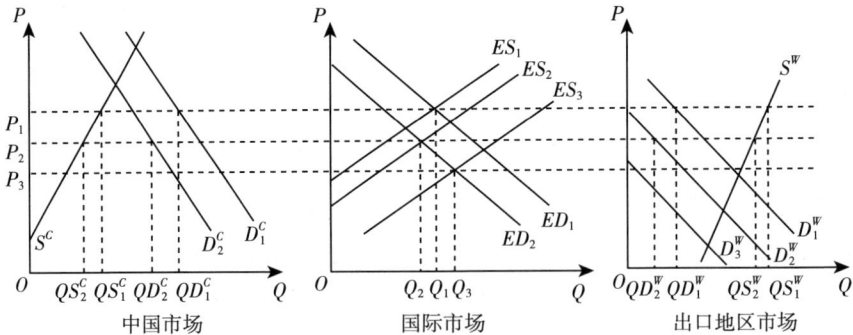

图 3-6　非洲猪瘟对大豆市场的影响机制

3.1.3　新冠肺炎疫情对农产品市场的影响

新冠肺炎疫情可能造成农产品产量下降、供应链中断以及进出口检疫更加严格等问题。其中，国内农产品产量下降对农产品市场的影响机制与图 3-5 中国内猪肉产量下降对猪肉市场的影响机制相同，因此不做赘述。国外农产品产量下降、供应链中断以及进出口检疫更加严格等均可能会引起国际市场农产品超额供给的减少，国际市场农产品超额供给曲线由 ES_1

左移到ES_2（图3-7）。如果超额供给曲线的移动是由出口地区农产品供给减少导致的，则出口地区的国内供给曲线由S_1^W左移到S_2^W；如果是由供应链中断或进出口检疫更加严格导致的，那么最终都直接反映为国际市场农产品超额供给曲线的左移。国际市场农产品超额供给曲线的左移会导致市场价格上升，由此导致我国国内需求从QD_1^C减少到QD_2^C，供给量从QS_1^C增加到QS_2^C，对农产品的超额需求减少，进口量也从Q_1减少到Q_2。

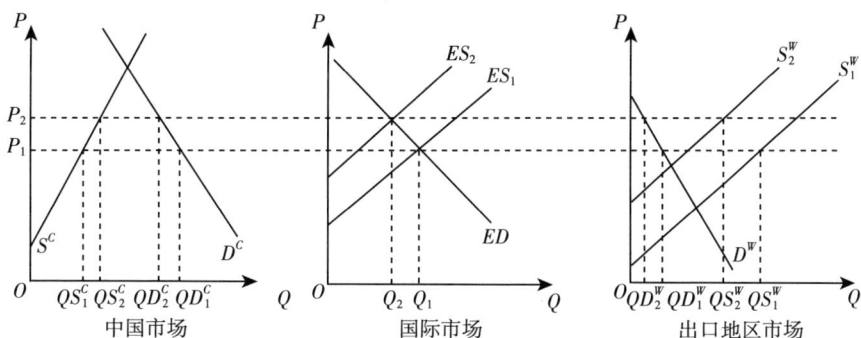

图3-7 新冠肺炎疫情对农产品市场的影响机制

新冠肺炎疫情可能同时对国际市场猪肉和大豆的超额供给产生影响，而二者之间又存在相互影响的关系。如对图3-7的分析，若国际市场猪肉的超额供给减少，则会引起国内猪肉生产增加。国内猪肉生产增加进一步带来对大豆需求的增加（大豆需求曲线右移），从而引起相关市场的变化，影响机制与图3-3中加征美国猪肉进口关税对大豆市场的影响机制相同，此处不加以赘述。同时，国际市场大豆的超额供给减少会导致大豆市场价格上涨，即猪肉生产成本增加，从而导致国内猪肉生产减少（猪肉供给曲线左移），进而带动其他相关市场发生变化。由于中国国内猪肉供给曲线左移对其他相关市场的影响机制与图3-4中加征美国大豆进口关税对猪肉市场的影响机制相同，此处不加以赘述。

3.2 分析框架

根据上述理论分析，"黑天鹅"事件冲击下我国猪肉和饲用大豆供需曲线出现均衡点的移动或供需曲线本身发生移动，在各种影响的综合作用下最终达到新的市场均衡状态，形成新的市场均衡数量和均衡价格。尽管中美经贸摩擦、非洲猪瘟和新冠肺炎疫情均具有发生概率小、产生重大冲击和事前不可预知等"黑天鹅"事件共性特征，但是这三项"黑天鹅"事件对我国猪肉供给的影响存在差异。具体来说，中美经贸摩擦导致中美两国之间猪肉和大豆的贸易成本增加，引起中国自美国进口猪肉和大豆的数量减少、价格上涨，从而影响我国猪肉和大豆的进口格局和国内生产，其中大豆供给和价格的变化会进一步影响猪肉市场，最终导致猪肉供给减少和价格上涨。非洲猪瘟对我国猪肉供给的影响主要有两个方面。在国内供给方面，非洲猪瘟导致我国国内生猪生产规模锐减，由此引起猪肉产量急剧下降，从而导致供给减少、价格上涨。在国际供给方面，由于部分猪肉出口国受到非洲猪瘟的侵袭，引起该国猪肉超额供给下降和中国的进口限制，由此造成我国猪肉进口量减少和进口价格上涨。新冠肺炎疫情可能造成猪肉和大豆产量下降、供应链中断以及进出口检疫更加严格等问题。其中，国际市场上猪肉和大豆产量下降、供应链中断以及进出口检疫更加严格等均会引起国际市场农产品超额供给的减少，从而导致我国猪肉和大豆的进口数量减少和进口价格上涨。并且，大豆进口的变化会进一步影响猪肉国内生产，加剧猪肉供给的减少和价格的上涨。基于此，本研究就中美经贸摩擦、非洲猪瘟和新冠肺炎疫情三项"黑天鹅"事件造成的我国猪肉和大豆市场变化设置对应情景，对"黑天鹅"事件给我国猪肉供给带来的影响进行模拟分析。

进而，本研究从直接增加猪肉供给、增加饲用大豆供给和减少饲用大豆需求三个角度寻找应对"黑天鹅"事件冲击下我国猪肉供给短缺和价格过高的政策选项。具体来说，在增加猪肉供给方面，考虑通过调整非洲猪瘟强制扑杀补贴政策增加国内猪肉供给，通过调整猪肉进口政策增加国际市场猪肉供给。在增加饲用大豆供给方面，考虑通过调整大豆生产者补贴政策增加国内大豆供给，通过调整大豆进口政策增加国际市场大豆供给。在减少饲用大豆需求方面，考虑通过优化畜禽饲料配方减少畜牧业对于饲用大豆的需求。增加饲用大豆供给和减少饲用大豆需求均能起到降低大豆价格的作用，从而减少生猪生产的饲料成本，一定程度上有利于刺激猪肉生产。综上所述，本研究的整体分析框架如图3-8所示。

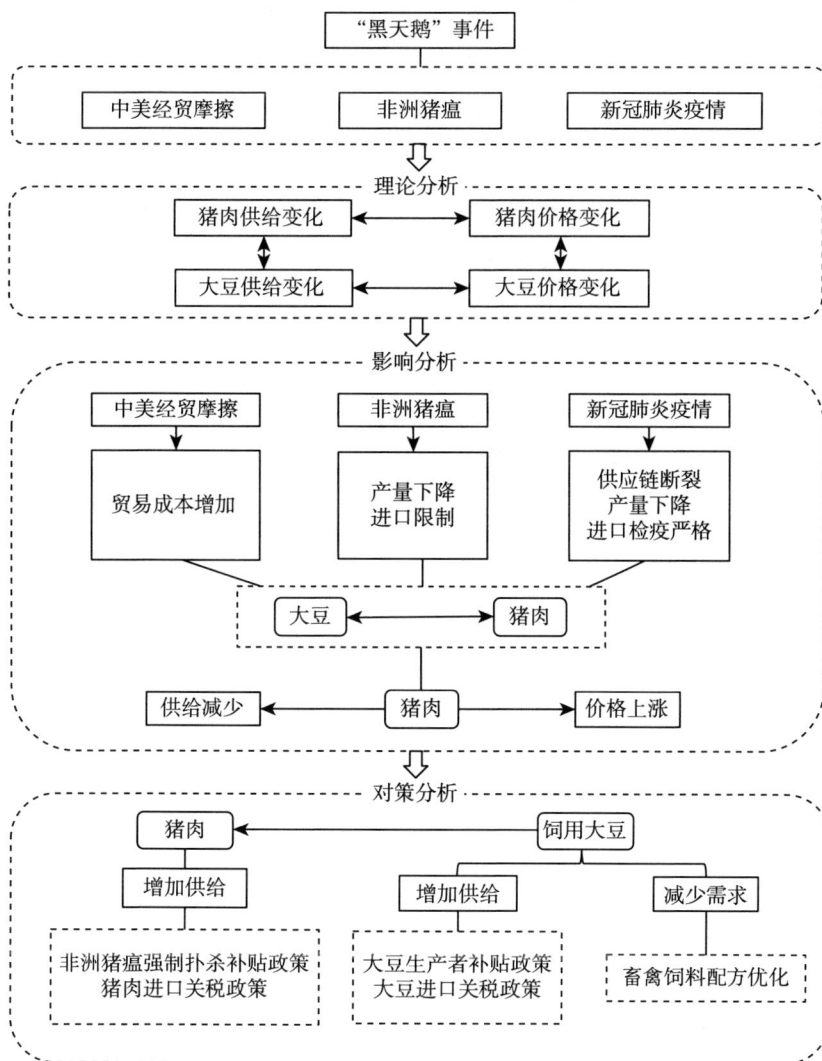

图3-8　"黑天鹅"事件下的中国猪肉供给分析框架

4 "黑天鹅"事件下的中国
猪肉和大豆供给变化

本章分为三个部分。首先，对中美经贸摩擦、非洲猪瘟和新冠肺炎疫情三项"黑天鹅"事件的发展过程进行梳理。其次，对"黑天鹅"事件发生后我国猪肉市场发生的变化进行描述性分析与解释。最后，对"黑天鹅"事件背景下我国大豆市场的变化情况进行描述性分析与解释。

4.1 "黑天鹅"事件梳理

本研究主要分析中美经贸摩擦、非洲猪瘟和新冠肺炎疫情三项"黑天鹅"事件对我国猪肉供给的影响，图4-1梳理了这三项"黑天鹅"事件发生的时间线。中美经贸摩擦虽然在2018年3月就出现苗头，但是首次加征关税的时间点为2018年7月6日。非洲猪瘟于2018年8月2日在中国首次出现，距离中美经贸摩擦开始加征关税的时间不到一个月。2019年底中国出现不明原因的病毒性肺炎病例，后确认为新冠肺炎，2020年1月新冠肺炎疫情暴发。下面将对中美经贸摩擦、非洲猪瘟和新冠肺炎疫情三项"黑天鹅"事件进行详细梳理。

中美经贸摩擦　　　　　　　　　　　　新冠肺炎疫情

　　　非洲猪瘟

2018年7月　2018年8月　　　　　　　2020年1月

图4-1 "黑天鹅"事件时间线

4.1.1 中美经贸摩擦

2018年以来，中国和美国的经济贸易关系发生了巨大的变化，掀起了中美两国之间新一轮的贸易摩擦。自发生以来，此次中美贸易摩擦经历了升级、缓和以及停滞三个阶段。

2018年3月22日，美国总统特朗普签署了总统备忘录，指示美国贸易代表以知识产权侵权为由对从中国进口的商品征收关税，这一举措成为中美贸易摩擦的导火索。在此之后，贸易摩擦逐渐升级，愈演愈烈。2018年4月4日，美国政府正式发布对中国加征关税的商品清单，中国国务院关税税则委员会随后也宣布了对美国加征进口关税的清单，两国正式发起第一轮加税。2018年5月，中美双方进行了初次谈判，但谈判结果并不理想，双方的第一轮加税开始付诸行动。2018年7月6日和8月23日，美国和中国分别正式开始对清单上的商品分两批加征25％的关税，其中中国对美国加征关税的商品包括猪肉和大豆等农产品。2018年9月18日，双方发起第二轮加税。美国总统特朗普宣布对2 000亿美元中国产品增加10％的关税，中国国务院关税税则委员会宣布对原产于美国的约600亿美元商品加征10％或5％的关税，均拟定于2019年9月24日起实施。2019年5月6日，双方发起第三轮加税。特朗普宣布将2 000亿美元的中国商品关税从10％上调到25％，并于5月11日生效。2019年5月13日，中国国务院关税税则委员会宣布自2019年6月1日起，对原产于美国的价值600亿美元的部分进口商品提高加征关税税率。同日，美国贸易代表办公室公布对约3 000亿美元中国输入美国的商品加征关税的清单。2019年8月1日，在2019年二十国集团领导人大阪峰会中美方同意不再对中国产品加征新的关税的情况下，特朗普表示美国将对剩下的3 000亿美元中国出口到美国的商品加征10％的小笔额外关税，由此引发了第四轮加税。2019年8月23日，中国国务院关税税则委员会宣布对美国商品征收750亿美元的关税，自9月1日和12月15日起分两批分别征收5％和10％的关税。其中，对美国猪肉加征10％的进口关税，对美国大豆加征5％的进口关税。随即，美国总统特朗普宣布美国将从9月1日起对价值3 000亿美元的中国进口商品加征关税，从2019年10月1日起，对剩余的2 500亿美元中国商品加征的关税将从25％增至30％。在上述多轮加税的过程中，中美双方进行了十二轮谈判，但均未取得实质性进展。

2019年9月5日，中美双方达成了第十三轮贸易谈判，之后中美贸易摩擦局势进入缓和阶段。2019年9月11日，中国国务院关税税则委员会发布第一批对美加征关税商品第一次排除清单，豁免期限为2019年9月17日至2020年9月16日。同日，美国总统特朗普宣布把对价值2500亿美元的中国商品增加关税（由25%增至30%）的日期从原拟定的10月1日推迟到10月15日。2019年12月13日，中美两国就第一阶段经贸协议文本达成一致。2019年12月15日，国务院关税税则委员会宣布对原计划于当天加征关税的美国部分进口商品暂不加征关税。2019年12月19日，国务院关税税则委员会公布第一批对美加征关税商品第二次排除清单，期限自2019年12月26日至2020年12月25日，对清单中的若干商品类别不再加征关税。2020年1月15日中午，美国总统特朗普与中国国务院副总理刘鹤在华盛顿白宫签署了《中华人民共和国政府和美利坚合众国政府经济贸易协议》（以下简称《协议》）。根据《协议》，2020年2月7日中方财政部宣布将对1717种美国商品减半关税，自2020年2月14日起生效。此次减税之后，对大豆加征的关税将从30%降至27.5%，猪肉关税将从35%降至30%。为了履行《协议》中的承诺，2020年2月17日和2月21日，国务院关税税则委员会宣布分两批免除部分美国商品的进口附加关税，其中包括猪肉和大豆等产品。至此，中美经贸摩擦的走向趋于乐观。

2020年初，新冠肺炎疫情在全球范围内传播，导致了中美双方贸易谈判的停滞。2020年3月和4月，中美两国基本上未就经贸关系的发展进行任何交流。直到2020年5月8日，中美双方通过电话重申了《协议》的承诺，两国代表均表示将继续支持《协议》。其间，中美两国针对《协议》的承诺均采取了相应的关税减免和购买商品行动。其中，中国对美国大豆和猪肉都进行了豁免，大豆豁免数量为1000万吨，猪肉豁免数量不详。2020年8月15日，中美两国推迟了原定于当天进行的对《协议》的审查。截至2020年8月，中国对美国农产品、工业品、能源和服务的进口远远落后于商定的时间计划。2020年8月20日，中方商务部发言人高峰在新闻发布会上表明，中方计划在未来几天内与美国进行会谈，以审查

《协议》的进程。然而,同一天美国特朗普政府取消了与中国进行对话的计划。因此,中美经贸摩擦谈判陷入僵持阶段。

4.1.2 非洲猪瘟

本研究涉及的这一轮非洲猪瘟于 2018 年 8 月首次在辽宁省沈阳市出现,前后经历了四个阶段。第一个阶段为 2018 年 8 月至 2018 年 9 月,非洲猪瘟呈现局部地区点状散发特征。这一阶段,非洲猪瘟首先在辽宁省沈阳市出现,紧接着在东北其他地区点状发生,并且跳跃式地在江苏、浙江、安徽和河南等地暴发。第二个阶段为 2018 年 10 月,出现局部地区的大规模养殖场发病的情况。大规模发病的情形主要集中在首次出现非洲猪瘟的辽宁省,根据农业农村部的数据统计,2018 年 10 月辽宁省非洲猪瘟发病数超过 2 200 头,死亡的生猪超过 1 900 头。第三个阶段为 2018 年 10 月至 2019 年 7 月,非洲猪瘟蔓延到全国范围,呈现全国范围内多点散发和大规模发病的双重特征。从非洲猪瘟发病数量和死亡数量的时间分布来看,这一阶段发病高峰期是 2018 年 11 月和 12 月,生猪死亡数量最多的时期是 2018 年 12 月和 2019 年 1 月。第四个阶段为 2019 年 8 月至 2021 年 6 月,非洲猪瘟疫情发展趋于平稳,但仍有点状发生。

本轮非洲猪瘟疫情在中国暴发以后,其他部分国家也相继发生疫情,非洲猪瘟开始对全球猪肉供给造成影响。其中,2018 年俄罗斯、波兰和罗马尼亚等 20 多个国家报告了 5 800 多起疫情;2019 年年初蒙古国四个省份出现非洲猪瘟疫情。另外,2020 年 9 月世界动物卫生组织通报德国首次发生野猪非洲猪瘟疫情。由于德国是我国猪肉进口的重要来源国家,因此非洲猪瘟在德国出现之后,我国海关总署和农业农村部联合发布公告,禁止从德国进口猪、野猪及猪肉制品。

4.1.3 新冠肺炎疫情

2020 年暴发的新冠肺炎疫情的发展可以分为四个阶段。第一阶段为 2020 年 1 月 20 日至 2 月 20 日,新冠肺炎疫情在中国暴发,政府宣布关闭离汉离鄂通道,物理隔绝病毒传播。1 月 30 日,世界卫生组织将新冠肺炎疫情在全球范围内的蔓延定义为"国际关注的突发公共卫生事件",此时国外仅有零散病例报告。第二阶段为 2 月 21 日至 3 月 17 日,中国本土新增病例逐渐下降,开始有序复工复产,国外疫情愈发严重。从 2 月底开始,欧洲确诊病例与日俱增,美国疫情形势也日益严峻。2 月 26 日中国境外报告的新增病例数首次超过境内,3 月 16 日国外新冠肺炎确诊和死亡病例数量超过中国国内数量。第三阶段为 3 月 18 日至 4 月 28 日,中国基本完成本土疫情在全国范围内传播的阻断工作,武汉和湖北"解封",国外疫情仍处于不断发展态势。第四阶段为 4 月 29 日至 2022 年末,中国新冠肺炎疫情进入常态化防控阶段。2020 年 4 月美国仍有 30 个州处于新冠肺炎疫情"重大灾难状态",此后确诊人数仍在继续增加。在我国新冠肺炎疫情从暴发到进入常态化防控的这段时间内,为了阻断病毒传播,国内外政府出台了一系列措施,对我国农产品供给造成了不同程度的影响。国内疫情期间的隔离措施对国内生猪养殖、流通和市场供应造成影响(朱增勇等,2020)。国外在疫情期间采取的贸易限制和增加技术壁垒措施降低了中国农产品的可获性,增加了市场不稳定性。例如,猪肉出口国的屠宰加工和生产进程受到新冠肺炎疫情的影响,从而造成国际市场猪肉供给紧张和价格波动(李先德等,2020),进一步传导到国内。

4.2 "黑天鹅"事件下的猪肉供给变化

4.2.1 猪肉供给量变化

根据国家统计局和联合国商品贸易统计数据库的数据,2018 年相较于 2017 年我国猪肉供给总量基本没有变化,只有极小幅度的下降,且体现为国内产量和进口量同时小幅下降,其中从美国进口减少,从其他地区进口增加(图 4-2)。2018 年发生了中美经贸摩擦和非洲猪瘟两项"黑天鹅"事件,接下来分别针对两项"黑天鹅"事件对猪肉供给变化的影响进行分析。针对中美经贸摩擦,加征美国猪肉和大豆关税均会对猪肉供给产生影响。加征美国猪肉进口关税直接导致了我国对美国猪肉进口量的减少，但是由于从其他地区进口猪肉有所增加，因此我国猪肉总进口幅度下降很小。加征美国大豆进口关税会导致生猪养殖的主要蛋白质饲料原料——大豆的价格上升，从而增加生猪生产成本，导致国内猪肉产量下降。但是，由于加征美国大豆进口关税导致的自美国进口大豆急剧减少可以由增加自巴西等其他国家进口大豆进行一定补充（图4-5），因此大豆价格上升有限，对国内猪肉生产的影响也有限，从而猪肉产量下降较少。针对非洲猪瘟，其对我国猪肉供给的影响主要体现在国内产量的下降上面。然而，非洲猪瘟并没有造成2018年猪肉产量的大幅下降。原因在于虽然2018年8月我国就出现了非洲猪瘟，但是发病和死亡高峰期出现在2018年年底和2019年年初，因此并没有造成2018年生猪存栏量和出栏量的急剧下降。

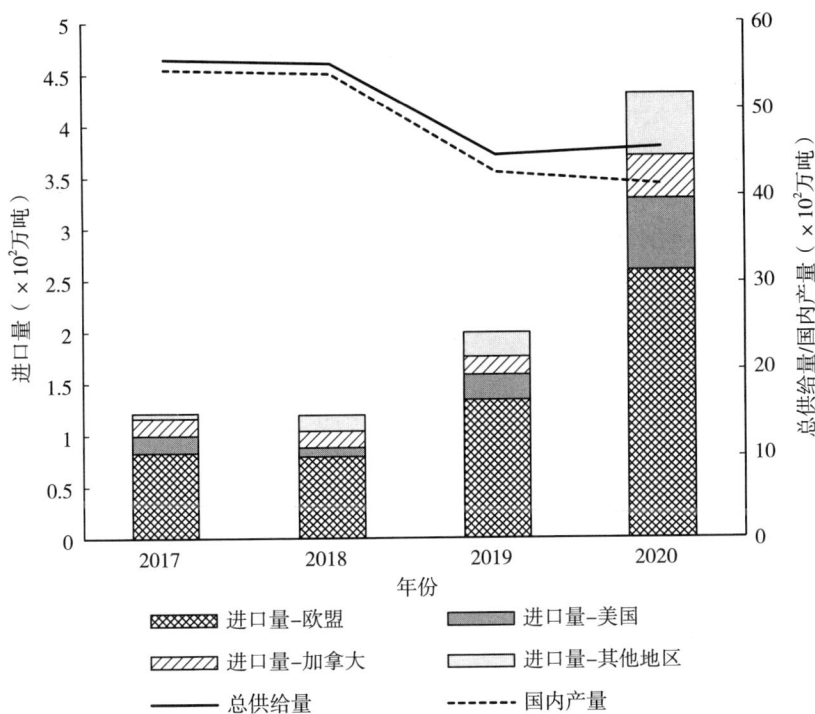

图4-2 "黑天鹅"事件冲击下的猪肉供给变化

2019年的猪肉总供给相较于2017年出现了大幅度减少，其中猪肉国内产量急剧下降，而猪肉进口量有所上升，并且从包括美国在内的所有国家进口的猪肉均增加。猪肉国内产量下降是中美经贸摩擦和非洲猪瘟共同作用的结果。非洲猪瘟对生猪养殖最直接的冲击就是使其产量下降，并且根据第 3 章机制分析部分可知，2019 年中美经贸摩擦升级背景下我国对美国大豆加征关税的提高会造成进口大豆价格的上升，从而通过提高猪肉生产成本间接导致生猪生产规模缩减。然而，现实情况是 2019 年转基因大豆的进口价格不仅没有明显增加趋势，反而呈现减少趋势（图 4-6）。这是因为 2019 年非洲猪瘟疫情的大暴发导致养殖业对饲用大豆的需求减少，从而引起大豆价格的下降。同时，这也说明非洲猪瘟对大豆价格的影响比中美经贸摩擦大，最终导致大豆价格下降。猪肉进口量的增加可以由国内猪肉产量的大幅下降和猪肉价格的急剧上升进行解释，巨大的猪肉供需缺口导致我国对国际市场猪肉的需求十分迫切，从而使猪肉价格急剧上升。中国国内猪肉价格的大幅上升给猪肉出口国带来了高额利润，因此其对中国的出口增加。对美国而言，尽管 2019 年中国对美国猪肉征收 35% 的高额关税，但是由于中国国内猪肉价格的上涨幅度大于 35%，从而仍然增加了对中国的出口。

2020 年我国猪肉供给相比于 2019 年有小幅增加，但是相对于 2017 年仍然存在大幅度下降。无论是相对于 2017 年还是 2019 年，2020 年猪肉总供给量的减少均体现为猪肉产量的下降和进口量的增加。2020 年我国同时面临着中美经贸摩擦、非洲猪瘟和新冠肺炎疫情三项"黑天鹅"事件的叠加冲击。在产量变化方面，由于 2020 年生猪存栏没有完全恢复，且出栏周期较长，因此猪肉产量仍然呈现下降趋势。其中，2020 年产量下降幅度超过 2019 年，原因有三个。首先，2019 年生猪存栏的大幅下降导致 2020 年生猪出栏数量大幅下降。其次，虽然生猪存栏量在 2019 年第三季度末和第四季度初开始出现回升，按照 8 个月的周期，新增的仔猪最早将在 2020 年 4 月前后出栏，而 2020 年 5 月之后新增的补栏并不能在 2020 年当年出栏，因此不能直接转化成 2020 年的猪肉产量。最后，2020 年初暴发的新冠肺炎疫情短期内导致我国生猪压栏严重和补栏受阻，进一步引起当年猪肉产量的下降。在进口量变化方面，自美国进口数量的增加是 2020 年中国对对美国猪肉加征的关税进行了部分豁免以及国内猪肉市场价格上升共同作用的结果，自除美国之外其他地区进口数量的增加是市场价格机制作用的结果，且主要来源于从欧盟进口的增加。

4.2.2 猪肉供给价格变化

"黑天鹅"事件相继发生并叠加后，我国猪肉价格呈现剧烈的上升趋势。图4-3反映了多种"黑天鹅"事件背景下，我国猪肉和活猪价格的变化情况，其中猪肉零售价和批发价数据来源于农业农村部，活猪价格数据来源于布瑞克数据库。根据图4-3，我国猪肉和活猪价格从2018年8月开始出现跳跃式的上升，这主要是由于中美经贸摩擦和非洲猪瘟导致的猪肉供给下降引起的，之后猪肉和活猪价格小幅波动上升。2019年末和2020年初猪价出现了一定幅度的上涨，并在之后的一年时间内持续在价格高位波动，原因可能有三个方面。第一，2020年初由于2019年生猪存栏的下降和新冠肺炎疫情的暴发，生猪出栏量和猪肉产量急剧下降。第二，2020年初临近农历新年，居民对猪肉的需求增加，刺激了猪肉价格的上涨。第三，2020年玉米价格出现猛增趋势（图4-4），直接导致生猪生产成本增加，从而引起猪肉价格的增加。

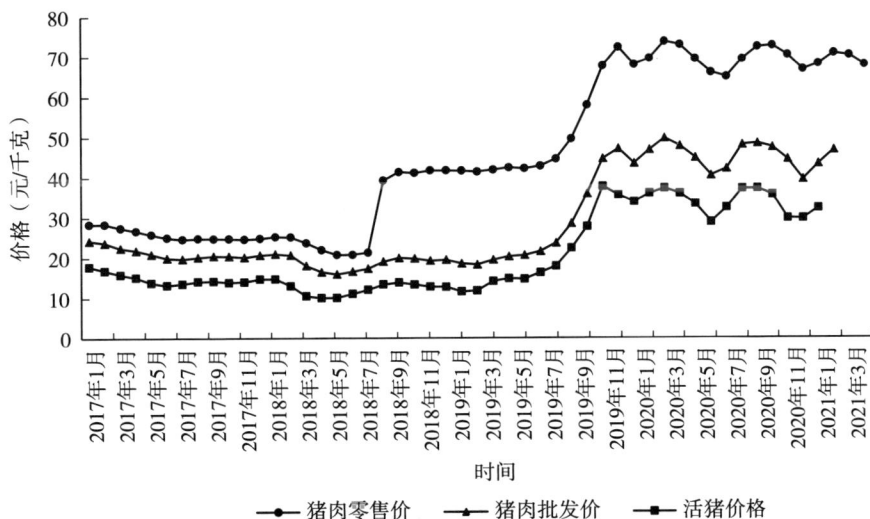

图4-3 "黑天鹅"事件冲击下的猪肉价格变化

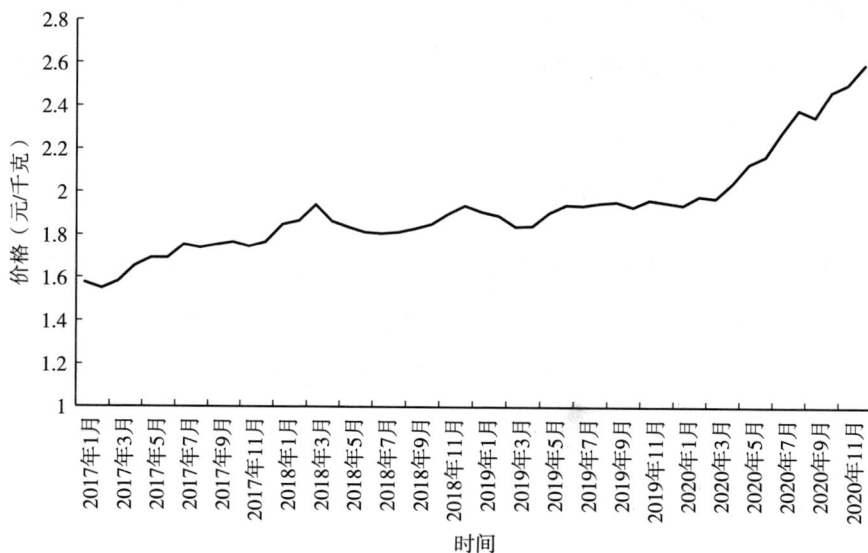

图 4-4 "黑天鹅"事件冲击下的玉米价格变化

4.3 "黑天鹅"事件下的大豆供给变化

4.3.1 大豆供给量变化

图 4-5 刻画了我国大豆供给量在多重"黑天鹅"事件发生后的变化情况，其中进口数据来源于中国海关总署，产量数据来源于国家统计局。从分季度的大豆总供给量来看，2018 年第一季度和第二季度与 2017 年同期供给量基本保持一致。在 2018 年第三季度到 2019 年第二季度这段时间，我国大豆总供给量相对于 2017 年同期都出现了不同程度的减少。国内大豆产量从 2017 年到 2020 年呈现逐年增加的趋势，收获期为第三季度。然而，国产大豆产量的增加可能与"黑天鹅"事件关系不大，主要是由于国内大豆生产者补贴水平在 2017 年至 2020 年逐年增加。大豆总供给的下降主要来源于进口大豆数量的减少，这可以由中美经贸摩擦和非洲猪瘟的影响进行解释。中美经贸摩擦背景下加征美国大豆进口关税导致我国大豆进口成本增加，非洲猪瘟导致我国生猪生产规模大幅度减少，从而对进口饲用大豆的需求减少。在大豆进口格局方面，2018 年第三季度和第

四季度以及 2019 年第一季度相对于 2017 年同期都表现出自美国进口大豆数量下降、自巴西进口大豆数量上升的进口格局变化，并且 2018 年第四季度我国从美国进口大豆几乎停滞。这主要是因为中美经贸摩擦冲击下对美国大豆加征进口关税导致我国自美国进口大豆数量下降，为了弥补国内大豆供给的不足，增加从巴西等国家进口大豆。2019 年第二季度我国自美国和巴西进口大豆相对于 2017 年同期都在减少，主要是由于这段时间处于非洲猪瘟发展最迅速和危害最严重的阶段，国内生猪产业遭受重创，养殖户补栏积极性受挫，直接导致对作为饲料原料的进口大豆的需求出现断崖式下降。另外需要说明的是，2018 年我国对阿根廷大豆的进口量下降而不是上升，主要是因为阿根廷在 2018 年遭受了几十年来最严重的干旱，且大豆收获期又遭受洪涝灾害，导致阿根廷大豆减产约 2 000 万吨，相应地对中国的出口也减少。

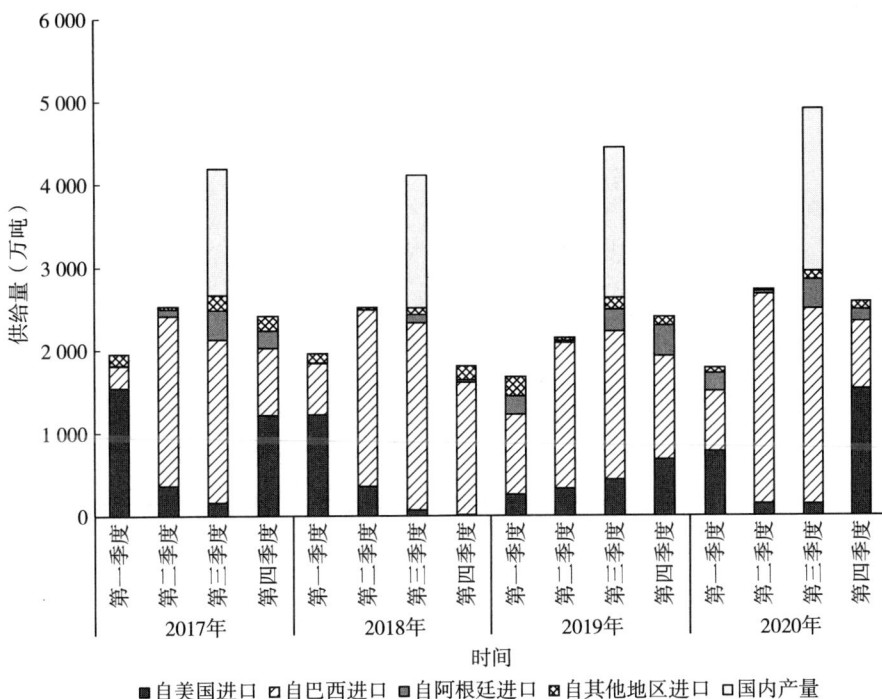

图 4-5 "黑天鹅"事件冲击下的大豆供给变化

2019 年第三季度以后我国大豆总供给开始逐渐增加，这主要是因为非洲猪瘟在 2019 年第三季度开始消散。在国家解除生猪跨省禁运和出台一系列支持政策的作用下，部分养殖户重燃生猪补栏积极性，引起对饲用大豆需求的增加。尽管这段时间中美经贸摩擦的影响还在持续，但是生猪生产的恢复一定程度上降低了我国自美国进口大豆减少的幅度。相比于 2017 年同期，我国大豆进口格局仍然基本显现出自美国进口大豆减少、自巴西进口大豆增加的特征，只是变化幅度没有 2018 年第三季度至 2019 年第二季度这段时间大。值得注意的是，2019 年第三季度我国从美国进口大豆相比于 2017 年同期有所增加，而从巴西进口大豆有所减少。这主要是因为 2019 年 8 月、9 月正值中美经贸协定谈判的关键时刻，进口商期待中美双方达成共识和签署协议，从而能够以较低成本进口大豆，因而推迟了采购巴西大豆的时间，甚至错过了采购。2020 年第四季度我国从美国进口大豆出现大幅度增加，主要原因在于中美第一阶段经贸协议达成之后，我国于 2020 年 2 月 17 日宣布免除对约 1 000 万吨美国大豆加征进口关税，而这批大豆合同的船期在 9 月之后，因此直接导致了第四季度大豆到港数量的大幅增加。

4.3.2 大豆供给价格变化

图 4-6 刻画了"黑天鹅"事件相继发生之后，国产大豆与进口大豆价格的变化情况，数据来源于布瑞克数据库。2020 年之前在中美经贸摩擦和非洲猪瘟的综合影响下，国产大豆价格处于比较稳定的状态。这可以从两个方面进行解释：一方面，国产大豆的主要用途并不是作为饲料原料，因此对可以作为饲料原料的美国大豆加征进口关税和非洲猪瘟的暴发并不会对国产大豆价格造成严重影响。另一方面，从第 3 章机制分析部分可知，中美经贸摩擦可能会导致国产大豆价格上升，而非洲猪瘟可能会导致国产大豆价格下降，由于二者的影响方向相反，最后导致国产大豆价格未出现明显波动。2020 年之后，国产大豆价格呈现出明显上涨的趋势，原因有以下几个方面：第一，2020 年新冠肺炎疫情在全球范围内大肆蔓延，由于供应链的断裂或人员的缺乏，无法确保大豆到港时间，因此一定程度上推动了国产大豆价格的上涨。第二，2020 年东北地区中储粮收购

价高于往年水平，直接推高了当年大豆的价格水平。第三，由于新冠肺炎疫情的影响，豆农惜售心理较强，售粮进度比往年慢，形成卖方市场，推动了国产大豆价格的上升。

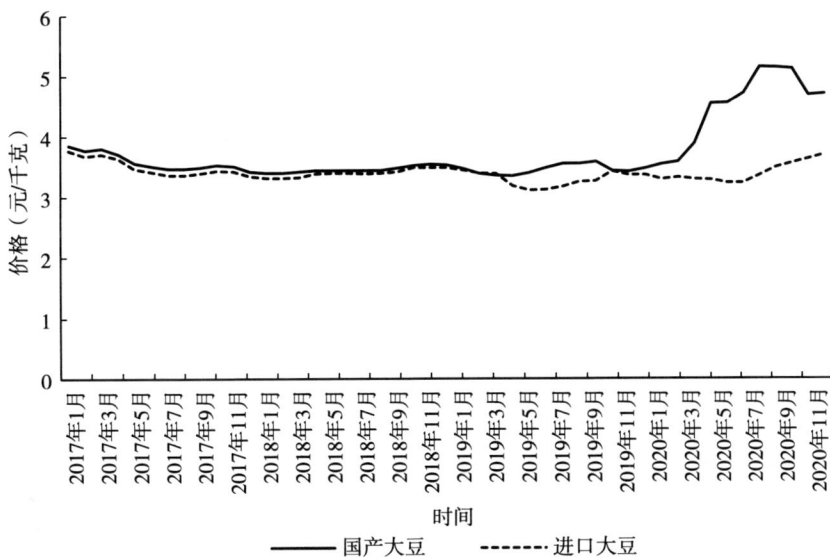

图 4-6 "黑天鹅"事件冲击下的大豆价格变化

进口大豆的价格在受到叠加"黑天鹅"事件影响之后，处于波动发展态势，但整体上比较稳定。中美经贸摩擦对进口大豆价格的影响不大，且由于非洲猪瘟的盛行，2019 年 4 月至 7 月进口大豆价格处于下行趋势。随着 2019 年 9 月生猪复产的推进，大豆进口价格短暂上升。然而，2020年新冠肺炎疫情在全球范围内的蔓延一定程度上抑制了大豆的需求，同时石油价格低迷也降低了生物质燃料的需求[①]，因此全球大豆供需相对比较宽松，进口大豆价格在 2020 年上半年小幅下降。2020 年下半年由于非洲猪瘟之后中国生猪复产势头迅猛，新冠肺炎疫情也逐渐好转，对大豆需求相应增加，因此进口大豆价格小幅上升，但总体波动不大。

---

① 资料来源：2020 年 8 月 26 日在农业农村部新闻办公室新闻发布会上，农业农村部市场与信息化司司长唐珂答记者问。

5 全球贸易—中国农业部门
模型（GT‐CASM）

本章首先对本研究所构建的 GT‐CASM 模型的必要性和特征进行简单介绍，并对 GT‐CASM 模型的概念、原理和结构进行说明。其次，具体介绍 GT‐CASM 模型的目标方程和约束方程。再次，对 GT‐CASM 模型的方程估计、参数设定以及数据来源进行说明。最后，对 GT‐CASM 模型进行校准，并说明校准原因、校准方法和校准结果。

5.1 GT‐CASM 模型简介

根据第 2 章对现有评估"黑天鹅"事件影响我国猪肉供给的模型的梳理，发现已有模型可能存在以下几点局限性。第一，现有局部均衡模型或一般均衡模型多从产业或国家层面上评估"黑天鹅"事件对我国农产品供给造成的影响，不能反映"黑天鹅"事件对不同地区农产品生产的差异化影响。但是，农业生产对自然资源的条件要求较高，在空间分布上具有明显的地域差异性，从而也决定了不同地区农产品生产的成本和收益不同。因此，在衡量"黑天鹅"事件对我国农产品生产的影响时，只从国家层面上进行分析，而不区分不同地区分析"黑天鹅"事件对农业生产的异质性影响，会大大削弱研究的参考价值。第二，现有局部均衡模型或一般均衡模型多基于年度数据分析"黑天鹅"事件对我国农产品供给的影响，从而有可能会忽视国内农产品生产以及国际市场上不同国家农产品上市的季节性因素的干扰。基于此，研究结果将损失重要信息，甚至可能存在显著误差。第三，现有局部均衡模型或一般均衡模型多将转基因大豆和非转基因大豆视为同一种大豆产品，然而这两种大豆在用途上存在明显区别，转基因大豆主要用作榨油生产豆油和豆粕饲料原料，而非转基因大豆主要为食用用途。因此，当研究涉及大豆和畜禽产品关联市场时，将大豆区分成转基因大豆和非转基因大豆进行分析十分必要，否则可能会降低研究结果的可信度。为了弥补现有模型的不足之处，本研究拟对 Yi 等（2018）构建的中国农业部门模型（CASM）进行完善，构建一个系统开放兼顾地域差异性的农产品供需决策模型。CASM 模型能够分析自然环境变化、社会经济因素变化和技术进步对农业生产、农产品消费、农产品价格和社会福利等方面的影响，并且可以细致刻画外部冲击对中国国内不同地区的异质性影响，已被广泛用于农业政策和资源环境变化对农业生产的影响的相关研究中（Li et al.，2019；Yi and McCarl，2018；Yi et al.，2018；杨泳冰，2017；周询，2018）。然而，CASM 模型分别用一条出口供给曲线和一条进口需求曲线来刻画除中国之外的其他所有国家的总出口供给和总进口需求，因此无法用来分析双边贸易政策变化和贸易伙伴国供需变化对我国农产品市场带来的影响。同时，CASM 模型也与其他已有模型一样，忽视了转基因大豆和非转基因大豆用途的差异以及大豆上市时间的差异。

基于现有模型的不足，本研究构建了系统开放兼顾地域差异性的全球贸易—中国农业部门模型（A Linked Global Trade - China Agricultural Sector Model，GT - CASM），用来评估"黑天鹅"事件对中国猪肉供给的影响及应对政策的效果。相较于现有模型，GT - CASM 模型进行了如下几个方面的重要完善。第一，本研究将 Fellin（1993）[1] 构建的全球谷物运输模型（IGTM）进行产品和地区的拓展后与 CASM 模型进行对接，构建 GT - CASM 模型，使得 GT - CASM 模型在 CASM 模型基础上增加了分析双边贸易政策变化和贸易伙伴国供需变化对我国农产品市场影响的功能，并且能够较为准确地刻画外部冲击对我国农产品贸易格局的影响。第二，GT - CASM 模型对农作物产品的分析细化到市级维度、对畜禽产品的分析细化到省级维度，从而能够直观反映

---

① IGTM 模型的构建启发来源于 Takayama 和 Judge（1971）建立的空间与时间价格分配模型（Spatial and Temporal Price and Allocation Models），Chen（1999）的研究中对此进行了详细阐述。

"黑天鹅"事件和其他外部冲击对我国不同地区猪肉生产的影响。第三，GT-CASM模型将所有与农产品生产相关的参数、变量和方程均细化到月度维度，将大豆的市场供需参数、变量和方程均细化到季度维度，从而能够克服农产品生产和大豆供给季节性因素对模拟结果的干扰。第四，GT-CASM模型将大豆区分成转基因大豆和非转基因大豆两种产品，从而能够更科学地刻画大豆市场与畜禽产品市场之间的联动关系。另外，针对本研究的主题，GT-CASM模型将CASM模型的2014年基期数据全部更新为2017年，并增加2017年的双边贸易相关数据。

经过以上完善，GT-CASM模型能够更加科学地分析"黑天鹅"事件背景下国内和国际市场农产品供需变动以及双边贸易政策变动对我国农产品供需的影响并且量化应对政策的效果和成本，还能够将农产品生产的影响细化到地区层面。技术上，GT-CASM模型的运行可以通过数学规划和优化的高级建模系统GAMS（The General Algebraic Modeling System）实现。

5.2 GT-CASM模型概念界定

5.2.1 模型产品范围

GT-CASM模型中农业生产活动以16种主要作物和6种畜禽的生产为代表，其中作物包括水稻、小麦、玉米、大豆、油菜、花生、棉花、土豆、甘蔗、甜菜、蔬菜、烟草、麻类、其他谷物、其他豆类、其他油料作物，畜禽包括生猪、肉鸡、蛋鸡、肉牛、奶牛和肉羊，对应的畜禽产品包括猪肉、鸡肉、鸡蛋、牛肉、牛奶和羊肉。其中，其他谷物主要包括谷子和高粱，其他油料作物主要包括芝麻、胡麻籽和向日葵，蔬菜主要包括叶类蔬菜和瓜类蔬菜。值得注意的一点是，转基因大豆和非转基因大豆在我国的用途存在明显区别，进口的转基因大豆主要用于榨油生产豆油和豆粕，国产的非转基因大豆多用于加工为豆制品，因此本研究进一步将大豆区分为转基因大豆和非转基因大豆，其中转基因大豆的来源国确定参考

Gene Watch 官网的统计[①]。

GT-CASM 模型以及本研究中涉及的所有农产品均指的是初级产品，不包括农产品的加工品。本研究中的猪肉是指热鲜肉、冷鲜肉和冻猪肉等猪肉初级产品，不包括猪肉制品及加工品。由于数据获取难度较大，本研究并未将猪肉细分为热鲜肉、冷鲜肉和冻猪肉进行分析，而是将猪肉初级产品进行加总计算供给量和平均价格。其中，国产猪肉供给量按照育肥猪出栏活重进行统计，根据国家统计局数据，我国 2016—2018 年猪肉的产量中冻猪肉占比仅为 2.20%～3.06%。进口猪肉供给量按照进口冷鲜冻猪肉的总重量进行统计，且基本全部为冻猪肉。

5.2.2 模型地区范围

GT-CASM 模型的国内区域分为 31 个省级行政单位、365 个市级行政单位。国外地区的界定依据如下：对于除了大豆和猪肉之外的产品，若净进口国（净出口国）的某种产品的净进口量（净出口量）占世界市场总进口量（总出口量）的比重超过 10%，则将该国作为单独地区进行分析，对占比小于 10% 的国家统一概括为其他地区。由于猪肉和大豆为本研究的重点产品，若猪肉和大豆净进口国（净出口国）的净进口量（净出口量）占世界市场总进口量（总出口量）的比重超过 5%，则将该国作为单独地区进行分析，对占比小于 5% 的国家统一概括为其他地区。GT-CASM 模型中国内和国际地区的具体划分范围见表 5-1。

表 5-1　GT-CASM 模型的地区范围

项目	国内地区
22 个省	河北、山西、辽宁、吉林、黑龙江、江苏、浙江、安徽、福建、江西、山东、河南、湖北、湖南、广东、海南、四川、贵州、云南、陕西、甘肃、青海
5 个自治区	内蒙古、广西、西藏、宁夏、新疆
4 个直辖市	北京、天津、上海、重庆

① 资料来源：http://www.genewatch.org/sub-532326。

（续）

产品	国际地区	
	净进口地区	净出口地区
稻谷	中国、其他地区	印度、泰国、越南、其他地区
小麦	中国、其他地区	澳大利亚、加拿大、欧盟、俄罗斯、美国、其他地区
玉米	中国、欧盟、日本、墨西哥、其他地区	阿根廷、巴西、乌克兰、美国、其他地区
油菜籽	中国、欧盟、其他地区	澳大利亚、加拿大、其他地区
花生	欧盟、印度尼西亚、其他地区	阿根廷、中国、印度、美国、其他地区
棉花	孟加拉国、中国、印度尼西亚、土耳其、其他地区	澳大利亚、印度、美国、其他地区
土豆	其他地区	中国、欧盟、其他地区
蔬菜	其他地区	中国、其他地区
烟草	欧盟、其他地区	巴西、中国、其他地区
其他谷物	中国、其他地区	阿根廷、美国、其他地区
其他豆类	其他地区	中国、其他地区
其他油料作物	中国、其他地区	其他地区
猪肉	中国、日本、墨西哥、其他地区	美国、欧盟、加拿大、其他地区
鸡肉	中国、其他地区	巴西、欧盟、美国、其他地区
鸡蛋	其他地区	中国、欧盟、其他地区
牛肉	中国、其他地区	其他地区
牛奶	中国、其他地区	欧盟、其他地区
羊肉	中国、其他地区	其他地区
转基因大豆	中国、欧盟、其他地区	阿根廷、巴西、美国、其他地区
非转基因大豆	中国、欧盟、日本、土耳其、美国、其他地区	加拿大、印度、俄罗斯、乌克兰、其他地区

需要特别说明以下几点：第一，无论中国农产品净进口量（净出口量）占世界市场总进口量（总出口量）的比重是否超过 10% 或 5%，GT-CASM 模型均将中国作为单独地区进行贸易分析。第二，一个国家可能同时为某一种农产品的进口国和出口国，模型中的进口地区和出口地区指的是净进口地区和净出口地区，即不考虑一个地区同时为某一种农产品的

进口地区和出口地区的情况。第三，由于甘蔗、甜菜和麻类的国际贸易数据获取比较困难，因此国际地区范围没有针对以上产品进行划分。第四，将欧盟成员国作为一个共同地区进行分析，由于模型基期年份为 2017 年，所以欧盟包含的国家以 2017 年欧盟成员国名单为准，共 28 个成员国，具体为奥地利、比利时、保加利亚、克罗地亚、塞浦路斯、捷克共和国、丹麦、爱沙尼亚、芬兰、法国、德国、希腊、匈牙利、爱尔兰、意大利、拉脱维亚、立陶宛、卢森堡、马耳他、荷兰、波兰、葡萄牙、罗马尼亚、斯洛伐克、斯洛文尼亚、西班牙、瑞典和英国。虽然英国已于 2020 年 1 月 31 日正式退出欧盟，但考虑模型基期年份为 2017 年，仍将英国划分为欧盟国家。另外，为了分析非洲猪瘟在德国的暴发对猪肉供给的影响，在必要时对德国进行了单独分析。

5.3　GT‐CASM 模型原理和结构

5.3.1　模型原理

（1）模型前提假设

在解释模型的构建原理之前，首先需要对模型的几个前提假设进行说明。

第一，大国效应假设。由于中国是农产品生产、消费和贸易大国（范建刚，2007；李晓钟和张小蒂，2004），因此在 GT‐CASM 模型中将中国设定为大国，即中国国内农产品市场的变化会对全球农产品市场造成影响，反之国际农产品市场的变化也会对中国国内农产品市场产生影响。

第二，完全竞争市场假设。GT‐CASM 模型假设农产品市场为一个完全竞争市场，农产品的市场价格完全由市场的供给和需求情况决定。传统微观经济理论认为农业是具有代表性的完全竞争型行业，农产品具有较强的同质性，市场中的交易主体数量较多，并且单个的交易主体不会影响农产品市场价格。对于中国国内区域而言，本研究在模型设定中认为不同地区之间农产品的流通不存在任何壁垒和障碍，只会产生流通成本；对于国际地区而言，本研究在模型设定中将考虑各区域之间实施的贸易政策，例如进口关税和出口补贴等。

第三，理性农户和代表性农户假设。理性农户假设意味着农户在一定的约束条件下，会在各种可供选择的方案中选择能使个人利益最大化的方案。代表性农户假设在模型中体现为国内每个地区中的所有农户的行为都可以由该地区一个特定的典型农户的行为所代表。

(2) 模型理论基础

GT-CASM 模型模拟了完全竞争市场实现利润最大化和成本最小化时的市场均衡状态。Samuelson（1952）提出完全竞争市场出清时所有资源分配能够实现生产者利润和消费者效用最大化，此时市场达到帕累托最优状态，即实现社会福利最大化。依据帕累托理论，完全竞争市场的均衡状态与社会福利最大化等价。GT-CASM 模型在资源禀赋、雇佣劳动力等一系列约束条件下最大化社会福利，即最大化生产者剩余和消费者剩余之和。因此，GT-CASM 模型的目标为在资源禀赋和供需均衡等一系列约束下最大化社会总福利，即最大化生产者剩余和消费者剩余之和。消费者剩余和生产者剩余之和由需求曲线以下、供给曲线以上与纵轴围成的面积表示，即图 5-1 阴影部分面积，其中 $S(P^S)$ 和 $D(P^D)$ 分别表示供给曲线和需求曲线。由于供给曲线可视为边际成本曲线，故均衡产量以左和供给曲线以下部分即为农业生产的总成本，具体包括生产要素成本、劳动力成本、储存成本（农户储存成本和市场储存成本）及农产品运输成本，同时目标方程中也包含政府对生产者的补贴。目标函数的数学表达如下：

$$\text{Max}\left\{\int_0^Q P^D(Q)\,\mathrm{d}Q - \int_0^Q P^S(Q)\,\mathrm{d}Q\right\} \qquad (5-1)$$

5.3.2 模型结构

GT-CASM 模型是一个自下而上、价格内生、局部均衡的数学规划模型，可以用来分析国内农业生产政策、要素市场冲击、技术进步、资源环境变化、农产品供需变化和农产品贸易政策变化等外部冲击对分地区农业生产、农产品消费、农产品贸易、农产品价格和社会福利的影响。GT-CASM 模型的基本结构如图 5-2 所示。在国内农产品供给上，GT-CASM

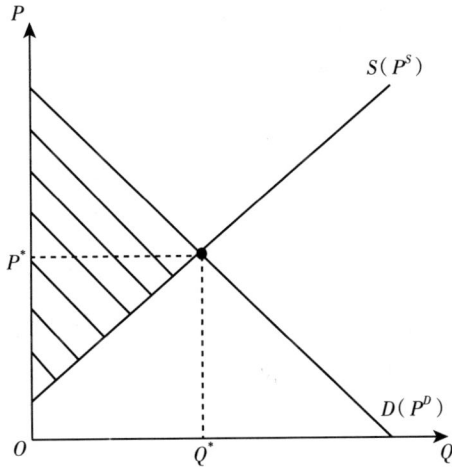

图 5-1 生产者剩余和消费者剩余

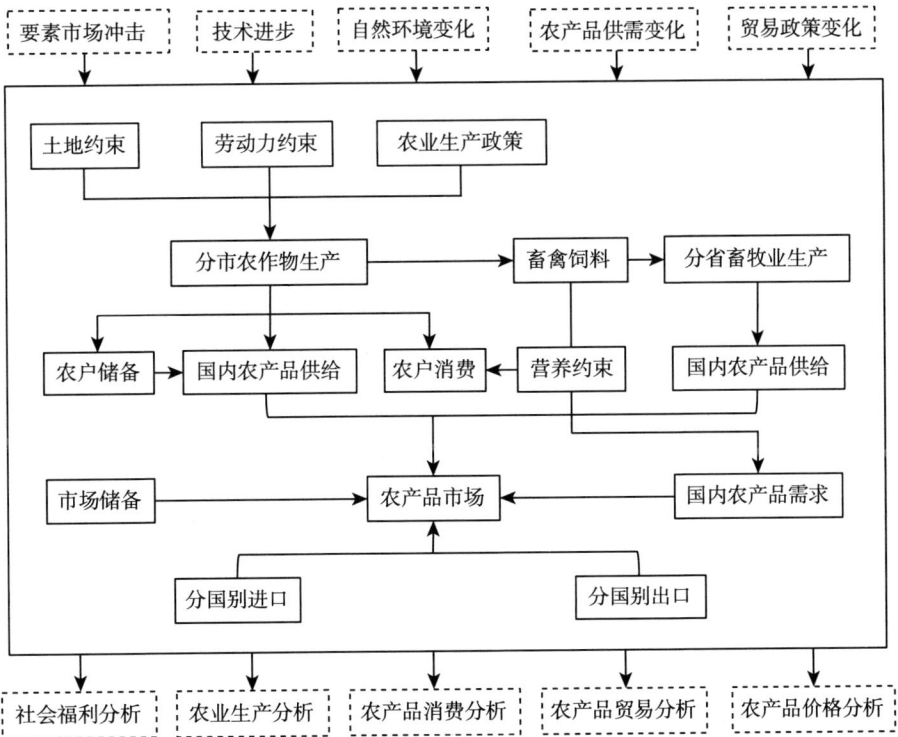

图 5-2 GT - CASM 模型结构

模型考虑了分市的农作物生产和分省的畜牧业生产。在国内农产品需求上，GT－CASM 模型不仅考虑了用于出售的市场需求，也考虑了农户的自给自足消费。同时，模型通过畜牧业对饲料粮的需求将农作物产品市场与畜禽产品市场联系起来。在国内农产品储备上，GT－CASM 模型分别从农户和市场的角度考虑了农产品储备对农产品市场的影响。在国际市场供需方面，GT－CASM 模型将进出口细化到国别层面，有利于分析不同国家农产品市场波动与我国农产品市场波动之间的相互影响。由于 GT－CASM 模型具备上述优点，故该模型能够成为分析开放市场条件下我国农业部门生产和农产品市场运行的有力工具。

5.4 GT－CASM 模型方程式构成

5.4.1 目标函数

在 GT－CASM 模型中，式（5-1）的目标函数可等价表示成式（5-2），对式中相关变量、参数以及方程的解释见表 5-2。在 GT－CASM 模型中，目标方程旨在最大化我国农业部门福利和国际市场上的农产品贸易福利的总和。目标方程式（5-2）中的第一行至第三行是国内市场需求函数的积分减去生产要素成本，第一行减去的是劳动力可变成本，第二行减去的是饲料原料成本，第三行减去的是其他固定的生产要素成本。第四行是国际市场上不同国家对特定农产品的超额需求函数的积分减去超额供给函数的积分的加总，可以视为国际市场从贸易中获得的福利（未减去运输成本部分）。第五行、第六行和第七行可以概括为双边贸易所产生的交易成本之和，包括运输成本（中国与其他地区以及其他地区之间的双边贸易过程中所产生的运输成本）和实施双边贸易政策（关税或补贴）所产生的成本两个部分。第八行减去了我国国内农产品的储存成本，包括不同地区农户的农产品储存成本和市场储存成本。最后一行为与面积挂钩的农产品补贴。由于考虑用国内农产品生产支持政策的调整来应对"黑天鹅"事件可能给我国农产品市场造成的影响，因此在目标方程中需要将挂钩的农产品生产支持政策纳入考虑范围。

$$\text{Max} \sum_i \sum_q \int_0^{QD_{iq}} P_{iq}^D (QD_{iq}) \, \mathrm{d} \, QD_{iq} - \sum_m \sum_r \int_0^{L_{mr}^M} P_{mr}^L (L_{mr}^M) \, \mathrm{d} \, L_{mr}^M -$$

$$\sum_m \sum_l \sum_r \int_0^{QS_{lmr}^{GRAIN}} P_{lmr}^F (QS_{lmr}^{GRAIN}) \, \mathrm{d} \, QS_{lmr}^{GRAIN} -$$

$$\sum_i \sum_j \sum_m \sum_r INP_{ijmr} \times inpcst_{ijmr} +$$

$$\sum_i \sum_q \left[\sum_f \int_0^{ED_{iqf}} P_{iqf}^{IM} (ED_{iqf}) \, \mathrm{d} \, ED_{iqf} - \sum_{f'} \int_0^{ES_{iqf'}} P_{iqf'}^{EX} (ES_{iqf'}) \, \mathrm{d} \, ES_{iqf'} \right] -$$

$$\sum_i \sum_q \sum_f CTRD_{iqf} \times (ctracst_{iqf} + ctrdtax_{if}) -$$

$$\sum_i \sum_q \sum_{f'} CTRD_{iqf'} \times (ctracst_{iqf'} + ctrdtax_{if'}) -$$

$$\sum_i \sum_q \sum_f \sum_{f'} FTRD_{iqff'} \times (ftracst_{iqff'} + ftrdtax_{iff'}) -$$

$$\sum_i \sum_m \sum_r QST_{imr} \times stcst_{imr} - \sum_i \sum_m QST_{im}^M \times stcst_{im}^M +$$

$$\sum_i \sum_m \sum_r sub_{ri}^A AP_{imr}$$

$$(5-2)$$

表 5-2　GT-CASM 模型中的元素解释

下标	解释
i	农产品
l	畜禽产品
j	从市场上购买的农业生产要素，包括土地、资本和化肥等
r	中国国内地区
f	进口地区（不包括中国）
f'	出口地区（不包括中国）
m	月份
q	季度

变量	解释
QD_{iq}	第 q 季度农产品 i 的国内市场需求量
INP_{ijmr}	第 m 个月 r 地区生产农产品 i 的生产要素 j 的投入量
L_{mr}^M	第 m 个月 r 地区雇佣劳动力的市场供给量
QS_{lmr}^{GRAIN}	第 m 个月 r 地区畜禽产品 l 所消耗饲料谷物的市场总供给量
ED_{iqf}	第 q 季度进口地区 f 对农产品 i 的进口需求量

（续）

变量	解 释
$ES_{iqf'}$	第 q 季度出口地区 f' 对农产品 i 的出口供给量
$CTRD_{iqf}$	第 q 季度中国出口农产品 i 到进口地区 f 的数量
$CTRD_{iqf'}$	第 q 季度中国从出口地区 f' 进口农产品 i 的数量
$FTRD_{iqff'}$	第 q 季度地区 f 与地区 f' 之间农产品 i 的贸易量，包括进口量和出口量
QST_{irm}	第 m 个月 r 地区农户对农产品 i 的储存量
QST_{im}^{M}	第 m 个月农产品 i 的市场储存量
AP_{imr}	第 m 个月 r 地区农产品 i 的农业生产规模（作物种植面积或畜禽饲养数量）

函数	解 释
$P_{iq}^{D}(QD_{iq})$	第 q 季度农产品 i 的国内市场反需求函数
$P_{mr}^{L}(L_{mr}^{M})$	第 m 个月 r 地区雇佣劳动力的反供给函数
$P_{lmr}^{F}(QS_{lmr}^{GRAIN})$	第 m 个月 r 地区畜禽产品 l 的精饲料的反供给函数
$P_{iqf}^{IM}(ED_{iqf})$	进口地区 f 对农产品 i 的反超额需求函数
$P_{iqf'}^{EX}(ES_{iqf'})$	出口地区 f' 对农产品 i 的反超额供给函数

参数	解 释
$inpcst_{ijmr}$	第 m 个月 r 地区生产农产品 i 的生产要素 j 的单位成本
$ctracst_{iqf}$	第 q 季度中国出口农产品 i 到进口地区 f 的运输成本
$ctracst_{iqf'}$	第 q 季度中国从出口地区 f' 进口农产品 i 的运输成本
$ftracst_{iqff'}$	第 q 季度进口地区 f 与出口地区 f' 之间农产品 i 贸易的运输成本
$ctrdtax_{if}$	中国与进口地区 f 之间农产品 i 贸易的关税（补贴为负关税）
$ctrdtax_{if'}$	中国与出口地区 f' 之间农产品 i 贸易的关税（补贴为负关税）
$ftrdtax_{iff'}$	进口地区 f 与出口地区 f' 之间农产品 i 贸易的关税（补贴为负关税）
$stcst_{imr}$	第 m 个月 r 地区农户对农产品 i 的单位储存成本
$stcst_{im}^{M}$	第 m 个月市场对农产品 i 的单位储存成本
sub_{ri}^{A}	r 地区生产农产品 i 的单位面积补贴

5.4.2 约束方程

在实现目标函数最大化时，GT－CASM 模型需要受到一系列条件的约束，具体的约束方程介绍如下。

（1）市场供需均衡约束方程

不等式（5－3）表示国内农产品市场供需均衡约束，即国内市场农产品总需求小于或等于国内农产品总供给。其中，国内农产品需求包括从市场购买的国内消费量、从市场到地区的总运输量、总出口量和本期的储存量；供给包括从产区到市场的总运输量、总进口量和上一期的储存量（$QST^{M}_{i,m-1}$）。由于农产品生产和消费随着时间在不断变化，GT－CASM模型中市场出清条件精确到每个月份，因此不等式中的农产品 i 的国内市场年需求量（QD_i）需要经过比例折算具体到不同月份。为了简化模型，本研究将每个月份农产品 i 的市场需求量占年需求总量（每个季度需求量之和）的比例（shr_{im}）均设定为 1/12。QM^{IN}_{imr} 和 QM^{OUT}_{imr} 分别表示第 m 个月从其他市场运进 r 地区和从 r 地区运出到其他市场的农产品 i 的数量。$CTRD_{imf}$ 和 $CTRD_{imf'}$ 分别表示第 m 个月中国从进口地区 f 进口或向出口地区 f' 出口的农产品 i 的数量。

$$shr_{im} \times \sum_q QD_{iq} + \sum_r QM^{IN}_{imr} + \sum_f \sum_m CTRD_{imf} + QST^{M}_{im}$$
$$\leqslant \sum_r QM^{OUT}_{imr} + \sum_{f'} \sum_m CTRD_{imf'} + QST^{M}_{i,m-1} \tag{5-3}$$

不等式（5－4）表示不同地区农产品市场供需均衡约束，即不同地区市场农产品需求小于或等于农产品供给。地区市场上农产品需求包括本地农户自给自足的消费量、从本地区运到其他地区的运输量和本地区的当期储存量；供给包括本地区的产量、从其他地区运到本地区的运输量和本地区上一期的储存量（$QST_{i,m-1,r}$）。其中，$QSELF^{FOOD}_{imr}$ 和 $QSELF^{FEED}_{imr}$ 分别表示第 m 个月 r 地区农户自给自足的自家食用和可作为饲料粮的农产品 i 的消费量，即农户自给自足部分的总消费，Y_{imr} 表示第 m 个月 r 地区农产品 i 的单产。

$$QSELF^{FOOD}_{imr} + QSELF^{FEED}_{imr} + \sum_r QM^{OUT}_{imr} + QST_{imr}$$
$$\leqslant Y_{imr} AP_{imr} + \sum_r QM^{IN}_{imr} + QST_{i,m-1,r} \tag{5-4}$$

不等式（5－5）和不等式（5－6）分别表示农村和城镇居民的营养供需均衡约束，其中营养摄入情况主要通过热量和蛋白质的摄入量进行衡量。为了简化模型，营养约束中讨论的谷物主要包括稻谷和小麦。不等式（5-5）表示农村居民自给自足部分的营养供需均衡约束，即最低营养需求量不超过本地区农户通过自给自足的农产品消费产生的营养供给量，a_{ik} 表示农产品 i 中营养成分 k 的含量，N_{mrk}^{RURAL} 表示第 m 个月 r 地区农村居民对营养成分 k 的最低需求量。QD_{iq}^{FEED} 表示第 q 季度农产品 i 作为饲料的市场需求量。对于农村地区的农民，假设 58.8% 的热量摄入来源于谷物消费，54.6% 的蛋白质摄入来源于谷物消费（琚腊红等，2018），并且 75% 的谷物来源于自己生产而非从市场购买；同时，假设在水稻主产区农民自给自足的谷物有 90% 是稻谷，在小麦主产区农民自给自足的谷物有 80% 是小麦，在既生产水稻又生产小麦的地区农民自给自足的谷物稻谷和小麦各占一半（Yi et al.，2018）。不等式（5-6）表示城镇居民的营养供需均衡约束，即最低营养需求量不超过谷物市场消费产生的营养供给量，其中 N_{mk}^{URBAN} 表示第 m 个月城镇居民对营养成分 k 的最低需求量。在模型中，假设城镇地区居民 47.1% 的热量和蛋白质摄入来源于谷物消费，39.7% 的蛋白质摄入来源于谷物消费（琚腊红等，2018），并且根据中国人的饮食习惯，65% 的居民热量摄入通过食用大米来满足（Yi et al.，2018）。

$$N_{mrk}^{RURAL} \leqslant \sum_i a_{ik} \times QSELF_{imr}^{FOOD} \qquad (5-5)$$

$$N_{mk}^{URBAN} \leqslant \sum_i a_{ik} \times shr_{im} \times \left(\sum_q (QD_{iq} - QD_{iq}^{FEED}) \right) \quad (5-6)$$

不等式（5-7）和不等式（5-8）为畜禽养殖饲料粮的供需均衡约束，其中不等式（5-7）表示饲料粮总量的供需均衡约束，不等式（5-8）表示分种类的畜禽饲料粮供需均衡约束，饲料原料主要包括小麦、玉米、稻谷、大豆和一些其他杂粮等。式中的下标 c 和下标 l 均为下标 i 的子元素，c 特指农产品中可以作为畜禽饲料的粮食，l 特指农产品中的畜禽产品，$usage_{lmr}^{GRAIN}$ 表示第 m 个月 r 地区每单位畜禽产品 l 的饲料耗粮总量，QS_{lmr}^{GRAIN} 表示第 m 个月 r 地区畜禽产品 l 饲料粮的总供给量。不等式（5-8）表示每个月畜禽养殖对于粮食 c 的消耗量不超过农户自给自足数量和其作为饲料的市场需求量之和，其中 $shrgrain_{cmr}$ 表示第 m 个月 r 地区生产每一

单位畜禽产品 l 所消耗的粮食 c 占总耗粮数量的比重，QD_{cq}^{FEED} 表示第 q 季度粮食 c 作为饲料的市场需求量，同时设定每个月农产品 c 作为饲料用途的市场需求量占年需求总量的比例（shr_{cm}）为 1/12。模型对于不同类型畜禽设置不同的饲料粮构成，即不同畜禽产品 l 所消耗的粮食 c 占总耗粮数量的比重通过外生给定，具体比重主要参考已有文献（冉娟，2016；赵亮等，2006）。但是值得注意的是，豆粕可以通过转基因大豆压榨获得，也可以通过非转基因大豆压榨获得，因此在模型中，只是外生给定大豆总量占耗粮总量的比重（$shrgrain_{lmr}^{SOY}$），具体转基因大豆消耗量占总消耗量的比重（$shrgrain_{clmr}^{SOYGMO}$）和非转基因大豆消耗量占总消耗量的比重（$shrgrain_{clmr}^{SOYNGMO}$）可以通过模型解出最优的配比，等式（5－9）限定了转基因大豆和非转基因大豆在饲料谷物中的总占比。由于国产非转基因大豆和转基因大豆的出油率和出粕率不同，在考虑可以将国产大豆作为饲料原料使用的情况下，需要在约束方程中加入一个折算系数（γ^{SOY}），以反映在豆粕总需求量一定时，分别使用转基因豆粕和非转基因豆粕对于大豆原料（即转基因大豆和非转基因大豆）的需求量是不同的。折算系数具体表示为非转基因大豆出粕率和转基因大豆出粕率的比值。根据朴荆（2010）的研究，从美国和巴西等南美国家以及加拿大等北美国家进口的大豆出油率高，达到 20%～21%，但国产大豆出油率大概为 17%。本研究将出粕率设定为 1 减去出油率，且进口转基因大豆的出油率取朴荆（2010）研究中的平均值 20.5%，因此非转基因大豆和转基因大豆的出粕率分别为 83% 和 79.5%，即可得到折算系数（γ^{SOY}）的具体数值。

$$AP_{lmr} \times usage_{lmr}^{GRAIN} \leqslant QS_{lmr}^{GRAIN} \qquad (5-7)$$

$$\sum_{l} \sum_{r} (shrgrain_{clmr} \times QS_{mr}^{GRAIN}) \leqslant \sum_{r} QSELF_{cmr}^{FEED} + shr_{cm} \times \sum_{q} QD_{cq}^{FEED}$$
$$(5-8)$$

$$shrgrain_{clmr}^{SOYGMO} + \gamma^{SOY} \times shrgrain_{clmr}^{SOYNGMO} = shrgrain_{lmr}^{SOY} \qquad (5-9)$$

不等式（5－10）和不等式（5－11）为国际市场农产品的市场供需均衡约束，要求净进口地区对某一种农产品的超额需求量小于或等于该区域从其他地区进口的该农产品的贸易量之和，同时净出口地区出口到其他地区的特定农产品的数量之和小于或等于该区域的超额供给量。

$$ED_{iqf} \leqslant CTRD_{iqf} + \sum_{f'} FTRD_{iqff'} \quad (5-10)$$

$$CTRD_{iqf'} + \sum_{f} FTRD_{iqff'} \leqslant ES_{iqf'} \quad (5-11)$$

(2) 资源禀赋约束方程

不等式（5-12）表示不同地区的土地资源禀赋约束，即用于农业生产的土地面积不超过本地区耕地面积总和，其中 $\overline{X}_{mr}$ 指的是第 m 个月 r 地区的土地禀赋水平。在 GT-CASM 模型中，将耕地区分为水田和旱地，从而能够更加准确地反映不同作物的耕地资源约束条件，例如水稻播种面积不应该超过本地区水田总面积。

$$\sum_{i} AP_{imr} \leqslant \overline{X}_{mr} \quad (5-12)$$

不等式（5-13）表示不同地区农业生产劳动力禀赋约束，即用于农业生产的劳动力数量不超过本地区家庭劳动力和雇佣劳动力的总量。其中，LU_{imr} 表示第 m 个月 r 地区生产农产品 i 的单位农作物面积（单位畜禽数量）的劳动力投入量，L_{mr}^{F} 表示第 m 个月 r 地区农户家庭劳动力的供给量，如前所述，L_{mr}^{M} 表示第 m 个月 r 地区雇佣劳动力的市场供给量。

$$\sum_{i} LU_{imr} AP_{imr} \leqslant L_{mr}^{F} + L_{mr}^{M} \quad (5-13)$$

(3) 其他约束方程

模型中还有一些辅助求解的约束方程，等式（5-14）～等式（5-21）表示中国与不同贸易伙伴国在不同季度按月度加总的农产品进出口量恒等于季度总进出口量。需要说明的是，考虑到不同国家大豆的生产和收获周期不同，本研究在 GT-CASM 模型中只对大豆做了分季度处理；为了简化模型，除了大豆之外的其他农产品的数据均为年度维度。

$$\sum_{m=1,2,3} CTRD_{imf} = CTRD_{iqf} (q=1) \quad (5-14)$$

$$\sum_{m=4,5,6} CTRD_{imf} = CTRD_{iqf} (q=2) \quad (5-15)$$

$$\sum_{m=7,8,9} CTRD_{imf} = CTRD_{iqf} (q=3) \quad (5-16)$$

$$\sum_{m=10,11,12} CTRD_{imf} = CTRD_{iqf}(q=4) \qquad (5-17)$$

$$\sum_{m=1,2,3} CTRD_{imf'} = CTRD_{iqf'}(q=1) \qquad (5-18)$$

$$\sum_{m=4,5,6} CTRD_{imf'} = CTRD_{iqf'}(q=2) \qquad (5-19)$$

$$\sum_{m=7,8,9} CTRD_{imf'} = CTRD_{iqf'}(q=3) \qquad (5-20)$$

$$\sum_{m=10,11,12} CTRD_{imf'} = CTRD_{iqf'}(q=4) \qquad (5-21)$$

对于可以用作畜禽饲料的农产品 c，不等式（5-22）要求第 q 季度农产品 c 饲料用途的市场需求量不超过市场总需求量。

$$QD_{cq}^{FEED} \leqslant QD_{cq} \qquad (5-22)$$

5.5　GT-CASM 模型方程估计和参数设定

5.5.1　农产品供给需求方程估计

GT-CASM 模型中需要估计的方程有农产品的国内需求方程、进口地区的超额需求方程和出口地区的超额供给方程，以及劳动力供给方程和精饲料供给方程。根据 Shei 和 Thompson（1977）的研究，用进出口量、进出口价格以及进口需求价格弹性和出口供给价格弹性来估计不同国家农产品的进口需求方程和出口供给方程，同理也可以用国内需求量、价格和价格需求弹性来估计农产品的国内需求方程。在 GT-CASM 模型中，假设供需方程均为线性形式，需求量、进出口量、国内价格以及进出口价格可以通过实际观测得到，若能够确定农产品的需求价格弹性、超额需求价格弹性和超额供给价格弹性，则能够计算出农产品的国内需求方程、超额需求价格方程和超额供给价格方程的斜率，从而进一步得到截距和具体的函数关系。

下面以数学公式形式具体说明农产品供需方程的估计方式。方程（5-23）、方程（5-24）和方程（5-25）分别代表不同国家农产品的超额需求方程、超额供给方程和中国国内农产品需求方程。以超额需求方程为例，根据超额需求价格弹性和超额需求方程斜率的定义，即式（5-26）

和式（5-27），能够推算得到超额需求方程的斜率（b_{iqf}^{ED}）和截距（a_{iqf}^{ED}）与超额需求价格弹性（ε_{iqf}^{ED}）相关的解析解，见式（5-28）和式（5-29）。同理，超额供给方程和中国国内需求方程的斜率和截距也可以通过类似的方式得到。因此，为了估计不同国家农产品超额需求方程和超额供给方程，关键是要估计出不同国家对应农产品的超额需求价格弹性和超额供给价格弹性。

$$P_{iqf}^{ED} = a_{iqf}^{ED} - b_{iqf}^{ED} \times QED_{iqf} \tag{5-23}$$

$$P_{iqf'}^{ES} = a_{iqf'}^{ES} + b_{iqf'}^{ES} \times QES_{iqf'} \tag{5-24}$$

$$P_{iq} = a_{iq} - b_{iq} \times QD_{iq} \tag{5-25}$$

$$b_{iqf}^{ED} = -\frac{d(P_{iqf}^{ED})}{d(QED_{iqf})} \tag{5-26}$$

$$\varepsilon_{iqf}^{ED} = -\frac{d(QED_{iqf})}{d(P_{iqf}^{ED})} \times \frac{P_{iqf}^{ED}}{QED_{iqf}} \tag{5-27}$$

$$b_{iqf}^{ED} = \frac{P_{iqf}^{ED}}{\varepsilon_{iqf}^{ED} \times QED_{iqf}} \tag{5-28}$$

$$a_{iqf}^{ED} = P_{iqf}^{ED} \times \left(1 + \frac{1}{\varepsilon_{iqf}^{ED}}\right) \tag{5-29}$$

$$b_{iqf'}^{ES} = \frac{d(P_{iqf'}^{ES})}{d(QES_{iqf'})} \tag{5-30}$$

$$\varepsilon_{iqf'}^{ES} = \frac{d(QES_{iqf'})}{d(P_{iqf'}^{ES})} \times \frac{P_{iqf'}^{ES}}{QES_{iqf'}} \tag{5-31}$$

$$b_{iqf'}^{ES} = \frac{P_{iqf'}^{ES}}{\varepsilon_{iqf'}^{ES} \times QES_{iqf'}} \tag{5-32}$$

$$a_{iqf'}^{ES} = P_{iqf'}^{ES} \times \left(1 - \frac{1}{\varepsilon_{iqf'}^{ES}}\right) \tag{5-33}$$

$$b_{iq} = -\frac{d(P_{iq})}{d(QD_{iq})} \tag{5-34}$$

$$\varepsilon_{iq} = -\frac{d(QD_{iq})}{d(P_{iq})} \times \frac{P_{iq}}{QD_{iq}} \tag{5-35}$$

$$b_{iq} = \frac{P_{iq}}{\varepsilon_{iq} \times QD_{iq}} \tag{5-36}$$

$$a_{iq} = P_{iq} \times \left(1 + \frac{1}{\varepsilon_{iq}}\right) \tag{5-37}$$

5.5.2　农产品超额供需弹性计算

根据 Orcutt（1950）的研究，一个国家对某种商品的超额需求价格弹性和超额供给价格弹性可以通过该国国内需求价格弹性和供给价格弹性求得。具体计算方法如下：

$$\varepsilon_{iqf}^{ED} = e_{iqf}^{D} \times \frac{Q_{iqf}^{C}}{ED_{iqf}} - e_{iqf}^{S} \times \frac{Q_{iqf}^{P}}{ED_{iqf}} \qquad (5-38)$$

$$\varepsilon_{iqf'}^{ES} = e_{iqf'}^{S} \times \frac{Q_{iqf'}^{P}}{ES_{iqf'}} - e_{iqf'}^{D} \times \frac{Q_{iqf'}^{C}}{ES_{iqf'}} \qquad (5-39)$$

其中，ε_{iqf}^{ED} 和 $\varepsilon_{iqf'}^{ES}$ 分别为超额需求价格弹性和超额供给价格弹性，e_{iqf}^{D}（$e_{iqf'}^{D}$）和 e_{iqf}^{S}（$e_{iqf'}^{S}$）分别为进口国 f（出口国 f'）国内对农产品 i 在 q 季度的需求价格弹性和供给价格弹性，Q_{iqf}^{P}（$Q_{iqf'}^{P}$）为进口国 f（出口国 f'）农产品 i 在 q 季度的国内产量，Q_{iqf}^{C}（$Q_{iqf'}^{C}$）为进口国 f（出口国 f'）农产品 i 在 q 季度的国内消费量。这种农产品超额供给弹性和超额需求弹性的估计方法在 Witsanu 等（2013）用到的国际谷物运输模型（International Grain Transportation Model，IGTM）中也被采用。

5.5.3　运输成本计算

联合国数据库中绝大部分国家统计的进口额是按照商品到岸价（CIF）进行计算的，出口额是按照商品离岸价（FOB）计算的[①]。借鉴 GTAP 模型的处理方式，用平衡 CIF 和 FOB 之间价差的方式，通过双边贸易将世界各国联系起来。同时，考虑到双边贸易的关税或补贴（出口关税为负，即为补贴）和所产生的运费（Hertel，1997；郭丹丹和陶红军，2011），进出口商品价格可以表达如下：

$$P^{IM} = P^{CIF} + trdtax^{IM} \qquad (5-40)$$

$$P^{FOB} = P^{EX} + trdtax^{EX} \qquad (5-41)$$

$$P^{CIF} = P^{FOB} + tracst \qquad (5-42)$$

其中，P^{IM} 为进口商品的国内价格，P^{EX} 为出口商品的国内价格，P^{CIF}

[①]　资料来源：https：//unstats. un. org/unsd/tradekb/Knowledgebase/50108/Trade‐valuation。

为进口港口价，P^{FOB} 为出口港口价，$tracst$ 为运费，$trdtax^{IM}$ 和 $trdtax^{EX}$ 分别为进口国和出口国的贸易关税（若为负数，则为贸易补贴）。因此，GT-CASM 模型可以通过上述方式计算双边贸易的运输成本和进出口国商品的国内价格。

5.5.4 数据来源及说明

国内农产品数据主要来源于我国国内统计年鉴和农产品成本收益汇编资料等。具体来说，不同地区作物和畜禽生产成本和价格数据来自《全国农产品成本收益资料汇编》，其中农产品价格根据每 50 千克主产品平均出售价格进行计算得到[1]。需要指出的是，生猪的主产品产量按育肥猪出栏活重计算，因此下文所涉及的猪肉价格变化均是指活猪价格变化。农产品产量、作物种植面积和畜禽养殖数量数据来源于《中国农村统计年鉴》和《中国畜牧兽医年鉴》。由于奶牛、肉鸡和蛋鸡养殖数量数据无法直接获得，本研究将 2017 年奶牛、肉鸡和蛋鸡的主产品总产量与每头（只）奶牛、肉鸡和蛋鸡的主产品产量相除，得到奶牛、肉鸡和蛋鸡养殖数量。非转基因大豆和转基因大豆需求价格弹性分别用黄武（2005）的研究中食用大豆和榨油用大豆的需求价格弹性代替，其他农产品的需求价格弹性均来源于农业农村部网站[2]。精饲料供给弹性用计量方法估计得到，精饲料价格由《全国农产品成本收益资料汇编》（2005—2018 年）中的精饲料费除以精饲料数量计算得到，精饲料供给量由我国不同畜禽配合饲料产量进行代替，数据来源于《中国饲料工业统计年鉴》（2005—2018 年）。劳动供给弹性的数据来自封进和张涛（2012），并假设各地区的劳动供给弹性均相同。农产品的单位存储成本数据来自陈波（2007）。大豆和玉米的补贴标准数据均可以从财政部、发展改革委、农业农村部等部门在相应年份发布的政策文件中获得。农作物的种植和收获时间根据美国农业部

---

[1] 蛋鸡的主产品是鸡蛋，奶牛的主产品是牛奶，生猪的主产品产量按育肥猪出栏活重计算，肉鸡的主产品产量按肉鸡活重计算，肉牛的主产品产量按肉牛活重计算，肉羊的主产品产量按肉羊活重计算。

[2] http：//www.moa.gov.cn/zj2017/sj_fzjh/yijian/201701/t20170107_5426355.htm。

（USDA）报告进行确定，已出版于 *Major World Crop Areas and Climatic Profiles* 一书当中（USDA，1994）。

国际农产品进出口数量和价格数据主要来自联合国粮食及农业组织（FAO）和联合国商品贸易统计数据库（UN Comtrade），农产品进出口价格根据农产品进出口额除以进出口数量计算得到。其中，大豆的贸易数据来源于 UN Comtrade，其他农产品的贸易数据来源于 FAO[①]。FAO 的数据为年度数据，UN Comtrade 数据库包含月度数据，从而可以进一步处理为季度数据。由于 GT－CASM 模型将大豆供需细化到季度维度，因此大豆分季度的贸易数据只能从 UN Comtrade 中获得。对于只需要年度数据的其他农产品而言，由于 FAO 数据库中同时统计了不同国家农产品的贸易数据和产量数据，为了确保两类数据的统计路径一致，因此选择 FAO 数据库作为其他农产品贸易数据的来源。在双边贸易模块，GT－CASM 模型需要收集不同地区农产品的需求价格弹性、供给价格弹性、产量和消费量数据，用于计算进出口地区的超额供需价格弹性。农产品的需求价格弹性、供给价格弹性来源于密苏里大学（University of Missouri）粮食和农业政策研究所（FAPRI）建立的数据库、USDA 弹性数据库和相关文献（Attavanich，2011；Menezes and Piketty，2012；Hochman，2016；Gallet，2010；Griffith et al.，2001；Haile et al.，2016a；Haile et al.，2016b；Roberts and Schlenker，2013；Seale et al.，2003；Ospina and Shumway，1979；Tokarick，2014；Ulubasoglu et al.，2016；Zafarbek，2013）。对于不同地区的产量和消费量数据，从 FAO 可以获取每个地区每年的产量和进出口数据，但是无法获取国内消费量数据。因此，在模型中假设不存在库存的变动，国内消费量通过产量与净进口量或净出口量计算得到。若产量大于消费量，则该国为净出口国，消费量为产量与净

---

①　需要说明的是，模型中大豆的进出口数据来源于 UN Comtrade，而第 4 章中的进口数据来源于中国海关总署。由于中国海关数据的来源是国内公司出口货物时提交的报关单，而国外海关数据主要来源是提单，因此模型中的大豆进口数据与第 4 章中 2017 年大豆进口数据有细微的出入。另外，模型中猪肉的进出口数据来源于 FAO，而第 4 章中为了确保数据来源一致，而 FAO 未公布 2020 年猪肉双边贸易数据，因此猪肉分国别进口数据来源于 UN Comtrade，与模型中 2017 年的猪肉进口数据会存在细微差别。

出口量之差；若产量小于消费量，则该国为净进口国，消费量为产量与净进口量之和。

5.6　GT‑CASM 模型校准

5.6.1　校准原因

由于理论模型存在固有的局限性，不可能使得构建的模型与现实市场完美契合，因此模型构建者在构建模型之后还需要对模型进行校准，使之能够运用到模拟分析当中。参考 Wiborg 等（2005）的研究，对于本研究中的农业部门模型来说，需要进行校准的原因主要有以下几点。第一，由于 GT‑CASM 模型假设每个地区的所有农户都由一个典型农户代表，模型中刻画的通常是对农户个体进行加总之后的生产行为，因此可能存在误差。第二，部门模型有时候会忽视一些市场因素，例如模型通常假设在不同地区销售的商品是同质商品且以统一价格进行交易，但现实市场中交易价格往往会因为交易时间和商品质量的不同而存在差异。第三，农户的目标和受到的约束行为可能与模型的目标方程和约束方程不完全一致。模型的目标方程仅仅是实现福利最大化或利润最大化，而农户实际上还可能会兼顾风险规避、个人偏好等目标。第四，模型中经常不考虑交易成本，例如模型基于农户个体的生产预算约束，却使用消费者价格或地区层面的平均价格来分析农户生产行为，没有考虑到商品从生产者转移到消费者的过程中所产生的交易成本，包括运输成本和其他交易费用。

5.6.2　校准方法

GT‑CASM 模型所采用的校准方法为 PMP（Positive Mathematical Programming）方法，由 Howitt（1995）提出。PMP 校准方法的具体做法分为三步：第一步，在模型中加入需要内生变量的校准约束方程，将其限定在接近观测值的极小的范围内，用于生成特定的对偶值；第二步，将对偶值与变量的基期观测数据结合起来，构造模型的校准参数；第三步，

将校准参数加入模型求解，即可对模型进行校准。详细的校准过程可参考
Howitt（1995），此处不再赘述。

农业部门模型的校准方法有很多，而 PMP 方法有其独特的优点。
Miller（1972）提出将约束条件放松和灵活化来校准用于预测的递归编程
模型的方法。McCarl（1982）提出将作物种植结构的历史数据进行凸组
合（Convex Combinations of Historical Crop Mixes）的方法，该方法已被
运用在多项研究当中（Hamilton et al.，1985；Önal and McCarl，1989)。
Fajardo 等（1981）提出消除边际成本与边际收益之间的差距的校准方法，
已经被用于相关研究的模型校准（Adams et al.，1999；Chen，2000)。
相较于以上提到的几种校准方法，PMP 校准方法在农业部门模型中的应
用优点主要有以下几点。第一，PMP 方法可以在模型的农业生产和资源
利用模块引入非线性的单产函数和成本函数，符合经济学中的边际产量递
减和边际成本递增规律。第二，PMP 校准方法结合实际的基期观测值，
在原有理论模型的基础上增加线性校准约束方程，得到每条校准方程的对
偶值并利用其构造使得模型得到校准的参数。这样的做法不仅使得校准形
式更加灵活，而且能够充分利用基期年份数据所包含的信息。第三，
PMP 校准方法对数据的要求相比于其他方法更低，能够用最小的数据量
实现模型校准的目的。因此，对 GT－CASM 模型采用 PMP 方法进行
校准。

对 GT－CASM 模型中不同农产品国内地区的生产规模和国际地区的
双边贸易量均采用 PMP 方法进行校准。在技术层面上，为了使模型能够
准确反映基期所观察到的作物生产规模，将无法观测到的生产成本表示成
与生产规模相关的二次项形式；为了使模型能够准确反映基期所观察到双
边贸易量，将无法观测到的双边贸易过程中所产生的成本设定成与双边贸
易量相关的二次项形式。同时，模型需要对农产品的国内市场价格进行校
准，校准价格的具体做法是在模型中加入校准变量和标定约束，使得国内
需求数量和价格等于实际观测值，通过模型求解校准变量，再将校准变量
作为需求方程中的固定参数，对模型重新求解，即可得到与价格观测值接
近的最优解。由于已经对双边贸易量进行了校准，所以国际地区的超额供

需数量也与实际观测值出入极小，因此不需要再对国际地区的超额供需价格进行再次校准。

5.6.3 校准结果

通过上述方法，本研究最后能够确保校准的模型解出的最优解与实际观测值之间的误差非常小。根据表 5-3，经过校准之后，GT-CASM 模型解出的农产品生产规模和国内市场价格与实际观测值之间误差非常小，绝大部分产品的误差率接近 0，只有少数产品的生产规模和价格与实际观测值相比存在一定误差，但是误差范围不超过 3%，这种小幅度的误差被认为是可以接受的（Mérel et al.，2014），因此 GT-CASM 模型能够较好地反映我国农产品市场的实际运行情况。进一步地，大豆、玉米和生猪分地区生产规模的校准误差均接近 0，因此 GT-CASM 模型能够很好地刻画"黑天鹅"事件冲击下我国猪肉分地区生产的变化情况。同时，GT-CASM 模型解出的双边贸易量以及进出口国家的进出口数量和进出口价格与实际观测值的误差均接近 0，此处不再以表格形式列出。综合上述校准结果，GT-CASM 模型能够较准确地对"黑天鹅"事件冲击下的国内外农产品市场进行刻画，下文的模拟分析均借助校准后的 GT-CASM 模型展开。

表 5-3　GT-CASM 模型农产品生产与价格校准结果

农产品	季度	生产规模			市场价格		
		观测值	模型解	误差率（%）	观测值	模型解	误差率（%）
水稻		30 425	30 006	-1.38	2.75	2.73	-0.74
小麦		24 794	24 425	-1.49	2.33	2.31	-0.79
玉米		41 343	41 343	0.00	1.64	1.64	0.00
花生		4 859	4 905	0.95	5.74	5.77	0.65
油菜		6 890	6 890	0.00	5.10	5.10	0.00
棉花		3 074	3 074	0.00	14.73	14.73	0.00
土豆		7 889	7 900	0.15	1.31	1.31	0.10
烟草		1 128	1 151	2.05	26.41	26.79	1.45

（续）

农产品	季度	生产规模			市场价格		
		观测值	模型解	误差率（%）	观测值	模型解	误差率（%）
甘蔗		1 439	1 439	0.00	0.49	0.49	0.00
甜菜		174	174	0.00	0.46	0.46	0.00
麻类		64	66	2.15	10.06	10.35	2.80
蔬菜		20 083	20 086	0.01	1.91	1.91	0.01
其他谷物		3 518	3 518	0.00	8.47	8.47	0.00
其他豆类		2 201	2 243	1.93	4.67	4.73	1.43
其他油料作物		2 020	2 020	0.00	8.83	8.83	0.00
生猪		701 062	701 062	0.00	15.11	15.11	0.00
蛋鸡		1 736 230	1 741 836	0.32	6.69	6.70	0.09
肉鸡		9 010 667	9 010 582	0.00	11.39	11.39	0.00
肉牛		43 347	43 347	0.00	25.85	25.85	0.00
奶牛		4 824	4 824	0.00	3.77	3.77	0.00
肉羊		308 216	308 214	0.00	24.65	24.65	0.00
非转基因大豆	第一季度				3.77	3.77	0.00
	第二季度				3.77	3.77	0.00
	第三季度	8 347	8 347	0.00	3.77	3.77	0.00
	第四季度				3.77	3.77	0.00
转基因大豆	第一季度				3.28	3.28	0.00
	第二季度				3.10	3.10	0.00
	第三季度				3.01	3.01	0.00
	第四季度				3.11	3.11	0.00

注：农作物生产规模的单位为×10³公顷，畜禽生产规模的单位为×10³头或×10³只；市场价格单位为元/千克，且为主产品平均出售价格。

6 "黑天鹅"事件对中国猪肉
供给的影响分析

　　本章在考虑"黑天鹅"事件背景下猪肉和大豆市场的变化及二者联动性的基础上，首先分别就中美经贸摩擦、非洲猪瘟和新冠肺炎疫情单一"黑天鹅"事件对我国猪肉供给的影响进行量化分析，并对模拟结果进行讨论，其次根据单一"黑天鹅"事件对我国猪肉供给影响的模拟结果设置不同风险程度的叠加"黑天鹅"事件情景，并模拟分析不同风险程度的叠加"黑天鹅"事件对我国猪肉供给的影响，为第 7 章评估叠加"黑天鹅"事件背景下应对猪肉供给不足和价格上涨风险的政策提供基础。

6.1　中美经贸摩擦影响分析

6.1.1　模拟情景设置

　　虽然中美两国已达成第一阶段经贸协议，但中美经贸关系仍然存在很多变数和不确定性（王双正，2020；于爱芝和杨敏，2021）。梁一新（2020）认为，虽然第一阶段经贸协议带来了加征关税的小幅度削减和豁免，但是中美双方仍未取消前期加征的高额关税，美国可能不会取消对中国加征的全部关税，反而将会持续以高税率征收重要产品进口关税。中国社会科学院农村发展研究所副主任李国祥表示，中国政府只针对少数几家企业实施进口美国大豆、猪肉的关税豁免，为"定向"豁免，并未在更大范围内实施，尚处于尝试阶段①。另外，2020 年初新冠肺炎疫情在全球范围内的蔓延给中美经贸关系乃至其他多边贸易体系的走向都带来了较多的不确定性（孙东升等，2021）。2020 年美国总统换届进一步增加了中美经

---

①　资料来源：《财经》新闻，详见 https：//news.caijingmobile.com/article/detail/405966。

贸关系未来走向的不确定性。根据美国《纽约时报》的报道，美国当选总统拜登表示美国不会在短时间内针对中美第一阶段经贸协议采取行动，而是会同关键盟友协商之后再全面审视中美关系和拟定对华政策。综合以上观点，中美经贸关系未来几年会如何发展仍然无法确定，不能排除进一步恶化的可能性。

基于以上背景，本部分将针对中美经贸摩擦未来发展的不同可能性设置情景进行影响分析，具体包括四种可能情景。首先，基于目前（2021年6月）中美经贸摩擦的状态，中国对美国猪肉和大豆分别加征30%和27.5%的进口关税，并且豁免了部分关税。其次，由于关税豁免只是中国政府的尝试性措施，因此同时考虑了不对大豆和猪肉进口关税进行豁免的情况。针对未豁免关税的情况，本研究考虑对自美进口大豆和猪肉加征不同强度关税的三种情况，对应中美经贸关系的三种走向。第一，中美经贸关系常态化发展，但是取消了豁免关税的尝试，即中国对美国猪肉和大豆分别加征30%和27.5%的进口关税。其中，对猪肉加征的关税包括第一轮加征的25%和第一阶段经贸协议达成之后第二轮加征关税10%的一半，对大豆加征的关税包括第一轮加征的25%和第一阶段经贸协议达成之后第二轮加征关税5%的一半。第二，中美经贸关系恢复到第一阶段经贸协议达成之前的状态，中国对美国猪肉和大豆分别加征35%和30%的进口关税。其中，对猪肉加征的关税包括第一轮加征的25%和第二轮加征的10%，对大豆加征的关税包括第一轮加征的25%和第二轮加征的5%。第三，中美经贸关系进一步恶化，中国对美国猪肉和大豆开启第三轮加税，加税比例与第二轮相同，即对猪肉和大豆分别加征10%和5%的进口关税，最终中国对美国猪肉和大豆分别加征45%和35%的进口关税。

综合以上，本研究对中美经贸摩擦设置四种可能情景（表6-1）。在情景A0中，中美经贸关系常态化发展，中国对美国猪肉和大豆分别加征30%和27.5%的进口关税，且部分豁免。在情景A1中，中美经贸关系常态化发展，中国对美国猪肉和大豆分别加征30%和27.5%的进口关税，但取消豁免部分商品关税的尝试。在情景A2中，中美经贸关系退化到第一阶段经贸协议达成之前的状态，中国对自美进口的猪肉和大豆分别加征

35％和30％的关税。在情景 A3 中，中美经贸关系进一步恶化，中国对美国猪肉和大豆分别加征 45％和 35％的进口关税。技术上，本研究通过调整 GT－CASM 模型中的进口关税和设置豁免数量实现对中美经贸摩擦冲击的量化。对于关税豁免的设置，本研究将在豁免额以内的大豆和猪肉的关税设定为未发生中美贸易摩擦之前的水平，即分别为 3％和 12％，其中大豆的豁免额为 1 000 万吨。由于猪肉豁免额数量不详，因此参考大豆的豁免比例，假设豁免了 1/3 自美进口猪肉的加征关税。

表 6－1　中美经贸摩擦冲击情景设置

情景	描　　述
A0	对自美进口的猪肉和大豆分别加征 30％和 27.5％的关税，且部分豁免
A1	对自美进口的猪肉和大豆分别加征 30％和 27.5％的关税
A2	对自美进口的猪肉和大豆分别加征 35％和 30％的关税
A3	对自美进口的猪肉和大豆分别加征 45％和 35％的关税

6.1.2　模拟结果与讨论

（1）猪肉供给影响分析

中美经贸摩擦导致我国猪肉供给下降和价格上升，但是影响程度较小。根据表 6－2，加征美国猪肉和大豆进口关税导致我国猪肉市场供给下降 13.95 万～19.33 万吨，下降幅度为 0.16％～0.22％；并且随着加征关税力度的增强，猪肉市场供给的下降幅度相应增加。与市场供给量下降的变化相对应，我国猪肉市场价格上涨 0.33％～0.46％；并且随着加征关税力度的增强，价格上涨幅度也相应增加。从四种不同情景中猪肉供给量下降的幅度来看，部分豁免关税的 A0 情景下，猪肉供给量下降 13.95 万吨，明显小于其他三种情景下的下降数量。在不进行关税豁免的情况下，提高加征关税幅度所导致的猪肉供给量下降的变化不大，在 A1～A3 三种情景下分别下降 17.35 万吨、18.05 万吨和 19.33 万吨。

猪肉国际进口量的下降和国内产量的下降共同造成了猪肉供给量的减少。根据表 6－2，在豁免关税的情况下，猪肉产量减少 7.76 万吨，进口量减少 6.19 万吨。在不豁免关税的情况下，猪肉产量下降的幅度随着加征关税力度的增强而增大，下降 7.52 万～9.80 万吨；猪肉进口量下降的幅度随着加征关税力度的增强而减小，下降 9.53 万～9.84 万吨。猪肉产量下降幅度随着加征关税力度的增强而增大可以通过进口大豆成本随着加征关税力度的增强而增加进行解释，将在下文大豆影响分析部分进行更细致的解释。猪肉进口量下降幅度随着加征关税力度的增强而减小是价格机制发挥作用弥补国内猪肉产量下降幅度的增加以实现社会福利最大化的结果，具体来说，国内猪肉产量下降导致猪肉价格上升，出口国向中国出口猪肉有更大的获利空间。

表 6-2　中美经贸摩擦情景下的猪肉供给变化

情景	产量		进口量		供给量		价格	
	变化值 (万吨)	变化率 (%)	变化值 (万吨)	变化率 (%)	变化值 (万吨)	变化率 (%)	变化值 (元/千克)	变化率 (%)
A0	−7.76	−0.09	−6.19	−5.08	−13.95	−0.16	0.05	0.33
A1	−7.52	−0.09	−9.84	−8.08	−17.35	−0.20	0.06	0.42
A2	−8.32	−0.10	−9.73	−7.99	−18.05	−0.21	0.07	0.43
A3	−9.80	−0.11	−9.53	−7.83	−19.33	−0.22	0.07	0.46

注：价格指的是活猪价格。

（2）猪肉分地区生产影响分析

总体上，中美经贸摩擦背景下加征美国猪肉和大豆进口关税没有对中国国内猪肉生产造成显著影响，但在对不同地区猪肉产量的影响上具有差异性。由于每个省份猪肉产量的变化方向在四种模拟情景中是相同的，只存在变化绝对值的差异，并且全国总产量在四种情景中的变化不大，因此每个省份猪肉产量的变化在四种情景中的差别也不大（表 6-3）。本研究选择变化程度相对较大的 A3 情景，对我国不同省份猪肉产量在中美经贸摩擦冲击下的变化情况进行分析。从不同地区猪肉生产变化的情况来看，中美经贸摩擦给我国不同省份猪肉生产带来的影响存在差异，各省份产量有增有减，且变化幅度不同。其中，我国最大的生猪养殖省——四川省的猪肉产量增加最多，增产超过 2.8 万吨，增加幅度也最大，为 0.37% 左右。其次，山东省猪肉增产绝对值较大，约为 8 387 吨，增幅为 0.14%。

同时，部分省份猪肉产量减少，在减产超过 1.5 万吨的省份中，减产数量由多到少依次为湖南、浙江、湖北，其中湖南省减产为 2.75 万吨，占基期产量的比重约为 0.32%。

表 6-3　中美经贸摩擦情景下的猪肉分地区生产变化

地区	情景 A0		情景 A1		情景 A2		情景 A3	
	变化值（万吨）	变化率（%）	变化值（万吨）	变化率（%）	变化值（万吨）	变化率（%）	变化值（万吨）	变化率（%）
四川	2.15	0.28	2.42	0.32	2.57	0.34	2.86	0.37
山东	0.66	0.11	0.66	0.11	0.72	0.12	0.84	0.14
贵州	0.17	0.07	0.25	0.10	0.25	0.10	0.25	0.10
广西	0.09	0.02	0.18	0.05	0.17	0.04	0.16	0.04
河北	0.06	0.01	0.13	0.03	0.12	0.03	0.10	0.02
新疆	0.06	0.10	0.07	0.13	0.08	0.14	0.08	0.15
上海	0.04	0.18	0.04	0.20	0.05	0.21	0.05	0.24
海南	0.03	0.05	0.04	0.06	0.04	0.06	0.03	0.06
北京	0.02	0.09	0.03	0.11	0.03	0.11	0.03	0.12
西藏	0.00	−0.09	0.00	−0.09	0.00	−0.10	0.00	−0.12
宁夏	−0.01	−0.11	−0.01	−0.11	−0.01	−0.12	−0.01	−0.14
青海	−0.01	−0.12	−0.01	−0.11	−0.01	−0.12	−0.02	−0.15
天津	−0.02	−0.06	−0.02	−0.05	−0.02	−0.06	−0.02	−0.07
甘肃	−0.15	−0.20	−0.16	−0.20	−0.17	−0.22	−0.20	−0.25
山西	−0.19	−0.19	−0.19	−0.19	−0.21	−0.21	−0.24	−0.25
福建	−0.23	−0.12	−0.22	−0.12	−0.25	−0.13	−0.29	−0.15
重庆	−0.23	−0.11	−0.28	−0.14	−0.29	−0.15	−0.32	−0.16
内蒙古	−0.26	−0.19	−0.26	−0.19	−0.28	−0.21	−0.33	−0.24
陕西	−0.27	−0.21	−0.27	−0.21	−0.30	−0.23	−0.35	−0.27
吉林	−0.31	−0.15	−0.30	−0.14	−0.33	−0.16	−0.39	−0.19
安徽	−0.31	−0.09	−0.31	−0.09	−0.34	−0.10	−0.40	−0.11
江苏	−0.37	−0.12	−0.37	−0.12	−0.41	−0.13	−0.48	−0.15
广东	−0.52	−0.12	−0.51	−0.12	−0.56	−0.13	−0.66	−0.15
辽宁	−0.57	−0.17	−0.56	−0.17	−0.61	−0.18	−0.72	−0.22
黑龙江	−0.66	−0.29	−0.70	−0.31	−0.76	−0.33	−0.87	−0.38

（续）

地区	情景 A0		情景 A1		情景 A2		情景 A3	
	变化值（万吨）	变化率（%）	变化值（万吨）	变化率（%）	变化值（万吨）	变化率（%）	变化值（万吨）	变化率（%）
河南	−0.74	−0.10	−0.67	−0.09	−0.75	−0.10	−0.92	−0.12
江西	−0.72	−0.17	−0.74	−0.18	−0.81	−0.19	−0.93	−0.22
云南	−0.87	−0.18	−0.92	−0.19	−0.99	−0.21	−1.13	−0.24
湖北	−1.17	−0.21	−1.19	−0.21	−1.30	−0.23	−1.51	−0.27
浙江	−1.29	−0.95	−1.45	−1.06	−1.53	−1.12	−1.68	−1.23
湖南	−2.13	−0.25	−2.19	−0.25	−2.38	−0.28	−2.75	−0.32

中美经贸摩擦对我国各地区猪肉生产的影响路径有以下四条：第一，猪肉价格上涨引起本地区猪肉生产收益增加，从而导致本地区猪肉产量增加；第二，大豆价格上涨引起本地区猪肉生产成本增加，从而导致本地区猪肉产量减少；第三，其他地区猪肉供给增加会减缓猪肉市场价格的上涨或加剧猪肉市场价格的下降，从而使本地区猪肉生产收益的增加幅度下降或下降幅度增加，进一步引起本地区猪肉产量增加幅度下降或减少幅度上升，反之亦反；第四，其他地区大豆供给增加会减缓大豆市场价格的上涨或加剧大豆市场价格的降低，从而使本地区猪肉生产成本的增加幅度下降或下降幅度增加，进一步引起本地区猪肉产量减少幅度下降或增加幅度上升，反之亦反。在四种可能路径的影响下，各地区猪肉生产的变化取决于每种路径的作用强度，以及各地区猪肉生产对于猪肉和大豆市场价格变化的反应程度。在中美经贸摩擦情景 A3 中，模拟结果表明在中美经贸摩擦加征美国猪肉和大豆进口关税的冲击下，四川和山东等省份能够发挥较大的生产优势，而湖南、湖北和浙江等省份的生产优势较弱，因此同时增加四川和山东等省份的猪肉生产以及减少湖南、湖北和浙江等省份的猪肉生产能够实现新的均衡状态下的福利最大化。

（3）猪肉进口格局影响分析

从猪肉进口格局来看，我国猪肉进口的下降全部来源于从美国进口猪肉的减少，尽管从欧盟等地区进口的猪肉会有一定程度的增加，但不足以弥补从美国进口猪肉的减少（图 6-1）。在除美国之外的进口来源地区中，中美经贸摩擦冲击下我国从欧盟增加猪肉进口最多，其次为加拿大。并且，随着加征关税力度的增加，我国从其他国家进口猪肉增加的幅度也在增加，原因在于随着我国猪肉市场价格的增加，出口猪肉到我国获利空间更大。其中，在加征关税力度最大的 A3 情景中，我国从欧盟和加拿大增加猪肉进口分别约为 4.7 万吨和 1.6 万吨。

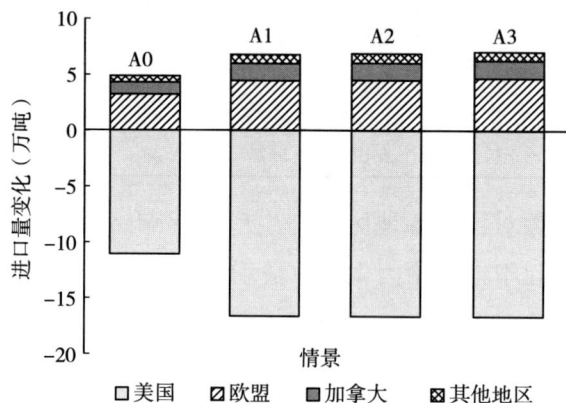

图 6-1　中美经贸摩擦情景下的猪肉进口格局变化

进一步地，在豁免了 1/3 的对美国猪肉进口加征的关税的情况下，我国从美国进口猪肉下降的幅度为 66.67%，即进口额度等于豁免额度。在 A1、A2 和 A3 情景下，由于未对美国猪肉进口豁免加征关税，我国完全停止了从美国进口猪肉。由以上两点可知，只要对美国猪肉加征关税超过 27.5%，中国将会停止从美国进口猪肉，若存在暂时的豁免加征关税的情况，中国则会进口这部分可申请豁免的猪肉，其余部分将仍然不会进口。对于情景 A1、A2 和 A3，随着加征关税力度的增强，猪肉进口减少幅度反而下降。在情景 A1、A2 和 A3 中，我国从美国进口猪肉的减少量相等，但是从其他进口来源地区增加猪肉进口的数量却随着加征关税力度的增加而增加，原因在于本研究在评估中美经贸摩擦对我国猪肉供给的影响的同时考虑了加征猪肉和大豆两种产品进口关税的冲击。随着大豆进口关税增加，进口大豆价格逐步上升（在本节大豆供给影响分析部分得到论证），导致国内猪肉生产成本增加，由此引发由猪肉国内生产下降带来的猪肉总供给减少幅度逐步增加。猪肉供给的减少进一步导致国内猪肉价格上升幅度增加，对于第三方猪肉出口地区而言，向中国出口的动力更大。因此在情景 A1、A2 和 A3 中，尽管我国从美国进口猪肉的减少量保持不变，但是从其他国家进口猪肉的增加量上升。

(4) 大豆供给影响分析

中美经贸摩擦背景下加征美国猪肉和大豆进口关税会导致我国转基因大豆供给减少和非转基因大豆供给增加，与此同时，转基因大豆和非转基因大豆的价格都会增加。根据表 6-4，在 A0、A1、A2 和 A3 四种不同征税力度情景下：转基因大豆供给量下降 114 万～151 万吨，下降幅度在1.28% 和 1.7% 之间；非转基因大豆供给增加 69 万～93 万吨，增加幅度为 3.88%～5.19%。转基因大豆供给的减少直接带来了市场价格的上升，上升幅度在四种情景下最小为 2.07%，最大为 3.62%。转基因大豆进口减少引致的畜牧业对非转基因大豆饲料原料需求的增加，导致了非转基因大豆市场供给量的增加，从而价格相应上涨 6.07%～8.11%，上涨幅度较大。转基因大豆和非转基因大豆价格的上涨解释了为什么在猪肉进口减少的同时我国猪肉产量也在同步减少，这主要归因于中美经贸摩擦背景下我国饲用大豆成本的增加。

表 6-4 中美经贸摩擦情景下的大豆供给变化

大豆	情景	产量		进口量		供给量		价格	
		变化值（万吨）	变化率（%）	变化值（万吨）	变化率（%）	变化值（万吨）	变化率（%）	变化值（元/千克）	变化率（%）
转基因	A0			−114	−1.28	−114	−1.28	0.06	2.07
	A1			−129	−1.45	−129	−1.45	0.09	2.87
	A2			−137	−1.54	−137	−1.54	0.10	3.12
	A3			−151	−1.70	−151	−1.70	0.11	3.62
非转基因	A0	57	3.26	13	30.63	69	3.88	0.23	6.07
	A1	65	3.72	14	34.89	79	4.44	0.26	6.93
	A2	69	3.95	15	36.94	84	4.70	0.28	7.35
	A3	76	4.36	17	40.72	93	5.19	0.31	8.11

由于我国不允许生产转基因大豆，因此转基因大豆进口量的变化直接决定了我国国内市场供给量的变化。由于转基因大豆进口的变化是双边贸

易政策的变化导致的，因此需要关注我国转基因大豆进口格局的变化情况，以厘清中美经贸摩擦如何通过影响转基因大豆供给进而影响我国猪肉供给。根据图6-2，我国转基因大豆进口的变化在不同国家和不同季度均有不同表现。从分国别的进口量变化来看，在中美经贸摩擦加征猪肉和大豆进口关税的冲击下，我国转基因大豆进口的减少全部来源于从美国进口的减少；同时我国从除了美国之外的其他所有进口来源国进口转基因大豆都会增加，其中增加最多的为巴西。从数值上看，在由低到高的不同关税力度水平下，我国从美国进口大豆分别下降47.36%、53.45%、54.78%和57.26%，与此同时，从巴西进口大豆分别增加20.80%、23.66%、24.24%和25.30%。并且，随着加征关税力度的增强（将从进行关税豁免转变为不进行关税豁免也视为加征关税力度增强），自美国进口转基因大豆的减少量在第一季度和第四季度均逐渐增加，自巴西进口转基因大豆的增加量在四个季度都逐步增加。进一步从分季度的进口量变化来看，美国转基因大豆进口量的减少主要集中在第一季度和第四季度，巴西转基因大豆进口的增加主要集中于第二季度和第三季度。这是由美国和巴西大豆的收获期不同所决定的，具体来说，美国大豆收获期在9月左右，

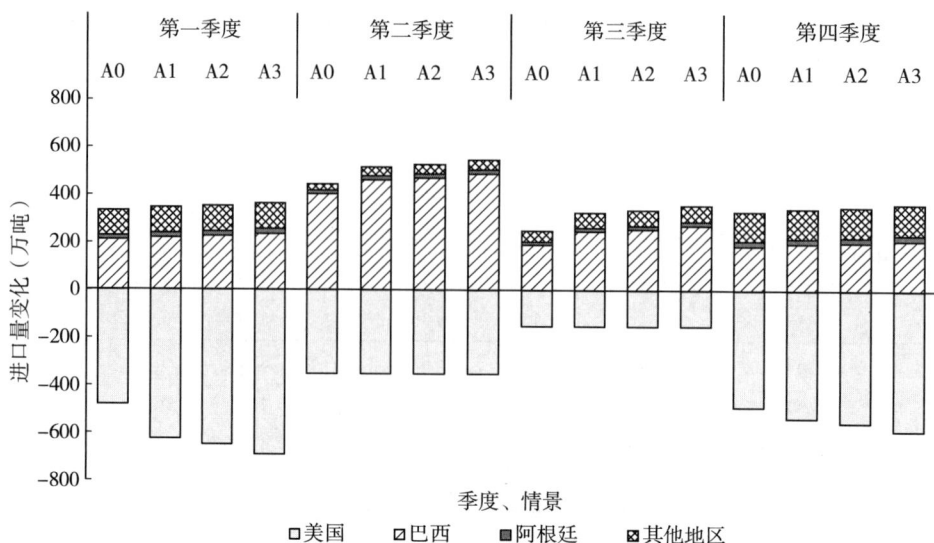

图6-2 中美经贸摩擦情景下的转基因大豆进口格局变化

在第四季度和第二年的第一季度对我国出口较多，巴西大豆收获期为 3 月前后，集中于第二季度和第三季度对我国出口。同时，由于美国第二季度和第三季度对我国出口转基因大豆的基期数量较少，在加征关税之后，我国完全停止了第二季度和第三季度对美国转基因大豆的进口，因此在四种情景下我国自美国进口转基因大豆的减少量相同。

综合以上分析可知，从猪肉生产的豆粕饲料原料——大豆的供给变化角度来看，我国猪肉在中美经贸摩擦冲击下没有出现供给大幅下降和价格大幅上升的主要原因是：自美进口转基因大豆的大幅减少可以由自巴西等国家进口的增加以及非转基因大豆国内产量和进口量的增加进行有效补充，从而没有造成饲用大豆供需形成巨大缺口和价格过高的情形。

6.2 非洲猪瘟影响分析

6.2.1 模拟情景设置

非洲猪瘟直接造成我国生猪生产规模的大幅下降。根据我国农业农村部畜牧兽医局 400 个监测县的生猪存栏变化数据，我国 2019 年 8 月的生猪存栏量比上年同期减少约 39%，能繁母猪存栏量比上年同期减少约 37%。能繁母猪在非洲猪瘟疫情中大量死亡，直接导致仔猪供应不足和外购仔猪费用的增加，从而进一步影响生猪养殖恢复。同时，国际市场也受到了非洲猪瘟的影响。2020 年 9 月德国出现非洲猪瘟疫情，中国海关总署与农业农村部发布公告，禁止我国直接或间接从德国输入猪、野猪及猪肉制品。2017 年德国出口到中国的猪肉约为 21 万吨，占 2017 年我国猪肉进口总量的比重达到 17%，因此限制及德国进口猪肉可能会对我国猪肉供给造成一定的影响。

根据非洲猪瘟严重程度的不同，本研究将分两种情况讨论非洲猪瘟给我国生猪产业造成的影响。首先，当非洲猪瘟严重程度较高时，基于农业农村部 2018 年 8 月至 2019 年 8 月生猪和能繁母猪存栏下降的实际数据，假定国内生猪和能繁母猪存栏分别下降 39% 和 37%；其次，当非洲猪瘟严重程度较低时，假定国内生猪和能繁母猪存栏分别下降 19.5％和18.5％，即为最严重程度的一半水平。同样，按照非洲猪瘟对国际市场的冲击程度，设置两种情况模拟其对我国猪肉供给产生的影响。首先，基于德国暴发非洲猪瘟的现实情况，假定我国限制从德国进口猪肉；其次，考虑到欧盟成员国地理距离很近且贸易往来较多，非洲猪瘟从德国传播到欧盟其他成员国的可能性极高，因此假定我国限制从所有欧盟成员国进口猪肉。综合考虑国内和国际情况，本研究对非洲猪瘟设置三种可能情景，具体见表6-5。在情景 B1 中，仅考虑非洲猪瘟猪导致国内生猪生产减少的情况，且影响程度较小，将情景设置为国内生猪和能繁母猪存栏分别下降19.5％和18.5％。情景 B2 在情景 B1 的基础上考虑了我国对从德国进口猪肉进行限制的情况，将情景设置为国内生猪和能繁母猪存栏分别下降19.5％和18.5％，且限制从德国进口猪肉。在情景 B3 中，考虑非洲猪瘟同时导致国内生猪生产大幅减少和限制从欧盟国家进口猪肉的情况，将情景设置为国内生猪和能繁母猪存栏分别下降 39％和 37％，且限制从欧盟所有成员国进口猪肉。

表6-5　非洲猪瘟冲击情景设置

情景	描述
B1	国内：生猪和能繁母猪存栏分别下降 19.5％和 18.5％
B2	国内：生猪和能繁母猪存栏分别下降 19.5％和 18.5％
	国际：限制从德国进口猪肉
B3	国内：生猪和能繁母猪存栏分别下降 39％和 37％
	国际：限制从欧盟所有成员国进口猪肉

技术上，对于生猪存栏下降，模型设定一个不可观测的生猪生产成本参数，使得在其他条件不变的情况下生猪存栏下降幅度等于模拟情景中设置的数值。并且，由于非洲猪瘟具有不可预知和随机性的特征，模拟中假设每个省由非洲猪瘟带来的生猪存栏下降的幅度相同。这项生猪生产成本参数可以理解为由非洲猪瘟冲击带来的生猪生产成本增加的部分。对于能繁母猪存栏下降，假设能繁母猪存栏的下降直接并且完全反映为仔猪供给的下降，因此可以通过调整模型中仔猪供给方程的截距项实现，例如当能

繁母猪存栏下降37%时，调整截距项使仔猪供给曲线左移37%。对于国际进口猪肉的限制，模型通过限定中国与进口限制国家的双边贸易量恒等于0实现。另外，需要说明的是，GT‐CASM尝试分析各类"黑天鹅"事件冲击下猪肉市场的长期均衡状态会如何变化，因此用存栏量而不是出栏量的变化来量化非洲猪瘟对国内生猪产业的冲击。

6.2.2 模拟结果与讨论

(1) 猪肉供给影响分析

表6‐6的结果显示，非洲猪瘟暴发将会给我国猪肉供给造成严重影响，形成巨大的猪肉供需缺口，并且导致价格剧烈上升。在只有国内猪肉生产受到非洲猪瘟影响且影响程度为2019年疫病最严重时期的一半水平时（情景B1），我国猪肉产量下降1 669万吨，进口补充249万吨，总供给量减少1 420万吨，减少幅度达到16.36%，价格上升34.08%。由于情景B2在情景B1的基础上加入了限制从德国进口猪肉的冲击，猪肉进口增加相对于情景B1会小幅减少，总供给量减少1 446万吨。这说明在国内生猪产业遭受非洲猪瘟冲击时，若国际市场猪肉供给也由于非洲猪瘟疫情而减少，则会加剧我国猪肉供给不足问题。然而，由于从德国进口的猪肉占我国猪肉进口总量的比重不大，因此对德国猪肉进口的禁令不会带来非洲猪瘟背景下我国猪肉进口和总供给的明显变化。在非洲猪瘟疫情最严重的情景B3中，非洲猪瘟一方面造成国内生猪大规模减产，导致国内猪肉产量下降3 339万吨，另一方面造成欧盟猪肉全部被禁止进入中国，进口量的增加值下降为191万吨。在这两方面的共同作用下，我国猪肉供给下降3 148万吨，下降幅度高达36.26%。同时，猪肉价格飙升75.54%。综合以上分析，非洲猪瘟将会造成我国猪肉产量大幅下降，虽然未受非洲猪瘟影响的国家对中国猪肉出口会增加，但是增加的绝对量有限。因此，在非洲猪瘟冲击下，我国猪肉面临供需的巨大缺口和价格的剧烈上升，所受影响不容忽视。

(2) 猪肉分地区生产影响分析

非洲猪瘟的冲击导致国内每个地区猪肉产量的下降比例相同，其中

B1 和 B2 情景下猪肉产量下降 19.50％，情景 B3 中猪肉产量下降 39％。基于此，每个地区猪肉产量下降的绝对值完全取决于基期的产量。在猪肉产量变化最大的情景 B3 下，我国生猪生产规模较大的湖南、四川、河南、山东和湖北猪肉产量下降超过 200 万吨，云南、广东、河北、江西、广西、安徽、辽宁和江苏猪肉产量减少超过 100 万吨，其他生产规模较小的地区猪肉产量减少不超过 100 万吨。

表 6-6　非洲猪瘟情景下的猪肉供给变化

情景	产量		进口量		供给量		价格	
	变化值（万吨）	变化率（％）	变化值（万吨）	变化率（％）	变化值（万吨）	变化率（％）	变化值（元/千克）	变化率（％）
B1	−1 669	−19.50	249	204.63	−1 420	−16.36	5.15	34.08
B2	−1 669	−19.50	223	183.51	−1 446	−16.66	5.24	34.70
B3	−3 339	−39.00	191	156.67	−3 148	−36.26	11.41	75.54

注：价格指的是活猪价格。

(3) 猪肉进口格局影响分析

由表 6-6 可知，非洲猪瘟无论是只对我国国内生猪生产造成影响还是同时对国际和国内生猪生产造成影响，我国猪肉总进口量都会相应增加。从猪肉进口格局的变化看，当非洲猪瘟仅对我国猪肉生产造成影响（B1 情景）时，我国对所有猪肉贸易伙伴国的进口都将增加，其中对欧盟的猪肉进口增加最多（图 6-3），包括德国在内总计超过 140 万吨，其次增加较多的国家为加拿大和美国，分别增加 46 万吨和 39 万吨左右，从其他国家进口增加约 24 万吨。在国内和德国猪肉生产同时遭受非洲猪瘟侵袭的情况下（B2 情景），我国猪肉进口格局相对于情景 B1 变化不大，这是由从德国进口猪肉占我国猪肉进口总量的比重不大所决定的。在情景 B2 中，我国从德国进口的猪肉减少为 0，同时从其他猪肉出口国进口猪肉的数量增加，且增加数量比 B1 情景中的增加数量略高，以弥补从德国进口猪肉的减少。从数值上看，我国从除德国之外的其他欧盟国家进口增加约 132 万吨，从加拿大、美国和其他国家进口分别增加约 47 万吨、40 万吨和 25 万吨。在情景 B3 中，由于欧盟猪肉全部被禁止进入中国，我国猪肉进口格局在非洲猪瘟冲击下出现较大变化。美国成为我国猪肉进口最多的国家,其对我国猪肉出口增加值高达 106 万吨左右,加上 2017 年基期出口的 17 万吨左右,我国对美国猪肉的总进口量高达约 123 万吨,比基期年份从欧盟进口的 79 万吨还高出大概 55.7%。另外,我国从加拿大进口猪肉增加 97 万吨,从其他国家进口猪肉增加 67 万吨,增加值均较大。综合以上分析,在国际市场未受非洲猪瘟冲击时,我国猪肉进口增加主要依靠欧盟地区;在从德国进口猪肉与我国同时受到非洲猪瘟冲击时,我国猪肉进口增加主要来自欧盟其他成员国;在从欧盟进口猪肉与我国同时受到非洲猪瘟影响时,我国猪肉进口主要由美国和加拿大进行补充。

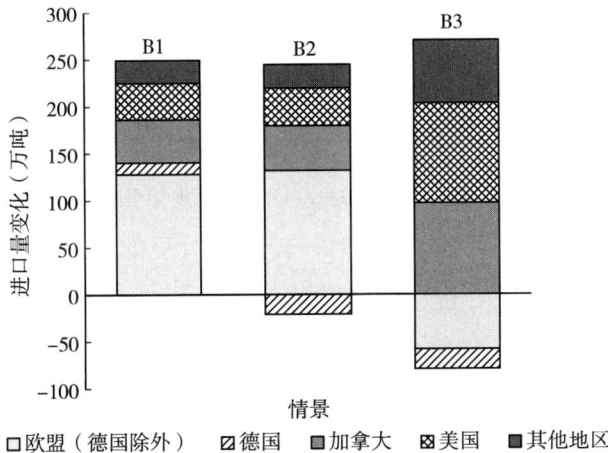

图 6-3 非洲猪瘟情景下的猪肉进口格局变化

(4) 大豆供给影响分析

由于非转基因大豆主要用于食用,因此在非洲猪瘟冲击下,非转基因大豆供给基本没有发生变化,只会使得原来用于压榨生产豆油和豆粕的极小一部分非转基因大豆转化成其他用途。而对于转基因大豆来说,在非洲猪瘟冲击下,一方面,猪肉产量出现剧烈下降,会减少对转基因大豆的需求,另一方面,其他畜禽产品的产量增加(表 6-7),会刺激对转基因大豆的需求。然而,其他畜禽产品生产扩张所带来的转基因大豆需求增加量不足以抵消由猪肉产量下降带来的转基因大豆需求减少量,最终导致畜牧业对转基因大豆需求减少，从而转基因大豆市场供给量也相应下降。

表6-7 非洲猪瘟情景下的畜禽产品产量变化

单位：万吨

畜禽产品	情景 B1	情景 B2	情景 B3
猪肉	−1 669	−1 669	−3 339
鸡肉	18	18	38
牛肉	7	7	16
羊肉	2	2	5
鸡蛋	20	20	45
牛奶	25	25	64

在非洲猪瘟冲击下，国内猪肉产量大幅下降，直接导致转基因大豆供给的显著减少。根据表6-8，在情景 B1 和 B2 中，转基因大豆供给和价格变化完全一致，这对应于表6-6 中情景 B1 和 B2 的猪肉产量变化相同。这说明当非洲猪瘟冲击导致国内生猪产量下降 19.50% 时，转基因大豆的需求会减少 626 万吨，减少幅度为 7.05%，进口价格降低 4.76%。在情景 B3 中，生猪存栏下降 39.00% 时，转基因大豆的需求减少 1 405 万吨，减少幅度达到 15.83%，进口价格下降 10.68%。此处需要说明的是，GT-CASM 模型无法显性化能繁母猪的饲料谷物供需约束，而是将养殖能繁母猪的饲料成本直接包含在仔畜的购入成本当中。因此，模拟结果中转基因大豆的减少是生猪生产减少和其他畜禽生产增加综合作用的结果，没有考虑能繁母猪生产的减少，故转基因大豆需求的减少存在被低估的可能性，然而由于能繁母猪存栏头数仅为生猪存栏头数的 10% 左右，因此对结果的影响有限。

表6-8 非洲猪瘟情景下的转基因大豆供给变化

情景	供给量		价格	
	变化值（万吨）	变化率（%）	变化值（元/千克）	变化率（%）
B1	−626	−7.05	−0.15	−4.76
B2	−626	−7.05	−0.15	−4.76
B3	−1 405	−15.83	−0.33	−10.68

6.3 新冠肺炎疫情影响分析

6.3.1 模拟情景设置

新冠肺炎疫情的暴发对在产的生猪产能影响有限,生猪产业面临的冲击主要来自产业链上游市场和下游市场的短期波动(朱增勇等,2020)。并且,经过非典型性肺炎和新冠肺炎两次重大公共卫生事件,我国已经形成了较为成熟的突发公共卫生事件应对系统,能够有效控制疫情的大暴发。因此,本研究没有考虑新冠肺炎疫情可能给我国国内猪肉或其关联产品生产造成的直接冲击,仅聚焦于可能来自国际市场的冲击。随着全球范围内新冠肺炎疫情的蔓延和传播,国际市场的猪肉和大豆的生产和供应极有可能受到较大影响,因此需要高度重视新冠肺炎疫情背景下国际市场给我国猪肉供给带来的冲击。

在国际猪肉供给方面,新冠肺炎疫情给国际市场猪肉生产和出口造成了明显的影响。其中,南美国家和欧盟国家的贸易物流和屠宰加工在新冠肺炎疫情冲击下受到的影响较小,因此对中国出口猪肉受到的影响也有限。然而,美国猪肉供应链在新冠肺炎疫情中遭受了巨大的冲击,具体表现为生猪压栏严重和供应链下端屠宰厂分割肉市场供给减少。畜禽加工在美国是一个庞大的产业,拥有约 50 万名员工并且高度集中(Taylor,2020),人员不足直接影响了美国畜禽加工厂的正常运行。Mallory(2020)的研究指出,美国的猪肉出口显著受到新冠肺炎疫情的影响,主要原因是大量的屠宰场在疫情期间被迫关闭,导致猪肉的产量下降 20% 左右。另外,美国农业部数据显示,2020 年 3 月中下旬美国日均屠宰生猪数量相较于往年同期下降了大约 40%。综合以上分析,本研究按照新冠肺炎疫情不同严重程度进行模拟情景的设置。具体来说,假设新冠肺炎疫情严重程度较高时,美国猪肉产量减少 40%;新冠肺炎疫情严重程度较低时,美国猪肉产量减少 20%。根据 FAO 的数据,2017 年美国猪肉出口量占当年产量的比重约为 22%。因此,在国内需求不变的情况下,若美国猪肉产量下降 40%,则会停止猪肉的对外出口;若美国猪肉产量下降 20%,

仅剩 2% 的对外出口空间，即超额供给下降约 91%。因此，在新冠肺炎疫情严重程度较高时，美国猪肉超额供给减少为 0；在新冠肺炎疫情严重程度较低时，美国猪肉超额供给下降 91%。

在新冠肺炎疫情冲击下，国内猪肉供给受到上游市场——饲用大豆供给市场影响的可能性很大，而我国饲用大豆主要来自从国际上进口，因此为了稳定国内猪肉供给市场，需要高度警惕来自国际市场的风险。在国际大豆供给方面，新冠肺炎疫情极有可能导致大豆国际供应链的断裂，其影响不容忽视。陈志钢等（2020）指出，由于美国、巴西、阿根廷和加拿大等是新冠肺炎疫情程度比较严重的国家，因此我国需要重视这些国家疫情蔓延对其本国农业生产的影响，预防和应对不利影响由国际市场输入我国国内市场。最值得注意的是，新冠肺疫情较严重的美国、巴西和阿根廷都是世界上主要的大豆生产国，且对我国出口大豆的数量庞大。因此，疫情期间大豆供应极有可能受到巨大挑战，进一步引起国际市场大豆供给和价格的波动。在疫情最严重时期，阿根廷公布了全国范围内的"封城"和强制隔离政策，虽然谷物运输商可以免于遵守隔离政策，但仍无法保证疫情进一步升级情况下谷物运输不会中断。巴西在疫情期间面临排船期延长、罢工隐患增加、部分州区中断城市之间的交通等挑战，使大豆出口贸易面临较大的不确定性（程国强和朱满德，2020）。尽管实际数据表明 2020 年美国和巴西大豆的出口均未受到新冠肺炎疫情的影响，然而，为了讨论突发重大公共卫生事件可能通过影响饲用大豆供给而对我国猪肉供给产生的影响，本研究将设置对应情景进行模拟分析。具体来说，由于大豆出口在新冠肺炎疫情下面临的冲击主要来自供应链的断裂或延迟，本研究假设在疫情严重程度较高时，美国、巴西和阿根廷大豆的全年超额供给减少 25%，即出口供应链在一个季度内持续受到疫情的影响出现断裂或延迟的情况；在疫情严重程度较低时，美国、巴西和阿根廷大豆的全年超额供给减少 10%，即出口供应链在一个月左右的时间内持续受到疫情的影响出现断裂或延迟的情况。

综合以上分析，新冠肺炎疫情无论是造成出口国农产品产量减少，还是造成国际农产品供应链的断裂，均反映为对国际市场超额供给的下降。

因此，本研究按照新冠肺炎疫情严重程度，由低到高分别设置了 C1、C2 和 C3 三种可能情景（表 6 - 9）。在情景 C1 中，美国猪肉超额供给下降 91％，国际市场大豆超额供给未受到疫情影响；在情景 C2 中，美国猪肉超额供给下降 91％，美国、巴西和阿根廷大豆超额供给下降 10％；在情景 C3 中，美国猪肉超额供给下降为 0，美国、巴西和阿根廷大豆超额供给下降 25％。以上冲击在技术上可以通过调整 GT - CASM 模型中的出口地区猪肉和大豆的超额供给曲线的截距项实现。

表 6 - 9 新冠肺炎疫情冲击情景设置

情景	描 述
C1	美国猪肉超额供给下降 91％
C2	美国猪肉超额供给下降 91％，美国、巴西和阿根廷大豆超额供给下降 10％
C3	美国猪肉超额供给下降为 0，美国、巴西和阿根廷大豆超额供给下降 25％

6.3.2 模拟结果与讨论

（1）猪肉供给影响分析

新冠肺炎疫情背景下来自国际市场的猪肉和大豆供给减少冲击会导致我国猪肉供给下降和价格上涨，但总体影响不大。根据表 6 - 10，在三种不同情景下，猪肉供给量分别下降 19 万吨、33 万吨和 64 万吨，价格分别增加 0.46％、0.80％和 1.54％，猪肉供给减少幅度不超过 1％，价格上升幅度最高仅为 1.54％。在情景 C1 和情景 C2 下，我国猪肉供给量的减少表现为产量的小幅增加和进口量的大幅减少，其中产量分别增加 17 万吨和 1 万吨左右，进口量分别减少 37 万吨和 34 万吨左右。在 C3 情景下，猪肉供给量的下降表现为国内产量和进口量的同步下降，产量和进口量分别下降约 16 万吨和 48 万吨。由于我国猪肉进口量占国内供给总量的比例较小，当国际市场仅有猪肉超额供给受新冠肺炎疫情影响而出现下降时（情景 C1），国内供给并不会受到强力冲击。然而，当国际市场猪肉和大豆的超额供给同时减少时（情景 C2 和情景 C3），我国猪肉供给量和价格也没有出现较大幅度的变化，这可以由饲用大豆总供给量下降较少进行解释。就产量变化而言，C2 情景相对于 C1 情景、C3 情景相对于 C2 情景产量下降绝对值都出现了明显增加，这说明国际市场大豆超额供给的下降会引起我国猪肉产量减少。情景 C1 和情景 C2 中猪肉产量的增加反映了在国际大豆超额供给没有受到新冠肺炎疫情影响而出现下降或者下降幅度较小时，若国际市场猪肉超额供给下降，在价格机制的作用下国内猪肉产量将会增加，从而可以在一定程度上弥补猪肉供给的不足。相反，在情景 C3 中，由于国际市场大豆超额供给下降幅度较大，导致我国进口大豆成本增加较多，因此国内猪肉产量下降。就猪肉进口量变化而言，在三种情景下新冠肺炎疫情都会造成我国猪肉进口减少，且减少幅度较大，减少绝对值较小。在 C3 情景下猪肉进口减少值最大，为 48 万吨，这是由美国猪肉超额供给下降为 0 直接导致的。另外，情景 C1 中的猪肉进口量下降值（37 万吨）大于情景 C2 中的下降值（34 万吨），这说明在国际市场大豆超额供给没有受到影响而国际市场猪肉超额供给减少时，我国可以通过增加猪肉国内产量减少对国际市场上猪肉的需求。

表 6-10　新冠肺炎疫情情景下的猪肉供给变化

情景	产量		进口量		供给量		价格	
	变化值 （万吨）	变化率 （%）	变化值 （万吨）	变化率 （%）	变化值 （万吨）	变化率 （%）	变化值 （元/千克）	变化率 （%）
C1	17	0.20	−37	−30.28	−19	−0.22	0.07	0.46
C2	1	0.01	−34	−28.26	−33	−0.38	0.12	0.80
C3	−16	−0.19	−48	−39.39	−64	−0.74	0.23	1.54

注：价格指的是活猪价格。

（2）猪肉分地区生产影响分析

针对 C1、C2 和 C3 三种模拟情景，我国猪肉生产在不同地区的变化趋势存在一定的差异（表 6-11）。具体来说，随着国际市场猪肉和大豆超额供给减少程度的增加，我国部分地区的猪肉生产由减少变成增加或者增加得更多，而有些地区的猪肉生产增加变成减少或者减少得更多。例如，山东省和四川省的猪肉产量在 C1 情景均出现下降，而在 C2 情景和 C3 情景中反而增加，且 C3 情景中增加的幅度比 C2 情景中大。从数值上看，山东省猪肉在 C1 情景中下降 1.22 万吨，在 C2 情景和 C3 情景中分别增加 0.09 万吨和 1.52 万吨；四川省猪肉在 C1 情景中下降 0.38 万吨，在 C2 情景和 C3 情景中分别增加 2.8 万吨和 7.52 万吨。相反，湖南省的猪肉产量在 C1 情景中增加 3.16 万吨，而在 C2 情景和 C3 情景中分别下降 0.86 万吨和 5.60 万吨。另外，河南省的猪肉产量在 C1 情景和 C2 情景中分别增加 2.34 万吨和 0.56 万吨，而在 C3 情景中反而下降 1.10 万吨。

新冠肺炎疫情在情景 C1 中只导致美国猪肉的超额供给减少，因此影响我国各地区猪肉生产的直接路径为猪肉市场价格的增加和其他地区猪肉生产的变化。具体来说，猪肉市场价格的上升导致各地区猪肉生产收益增加，因而猪肉生产增加；其他地区猪肉供给增加会减缓猪肉市场价格的增加或加剧猪肉市场价格的减少，从而使本地区猪肉生产收益的增加幅度下降或下降幅度增加，进一步引起本地区猪肉产量增加幅度下降或减少幅度上升，反之亦反。新冠肺炎疫情在情景 C2 和 C3 中同时受到美国猪肉超额供给减少和大豆主产国超额供给减少的冲击，因此对我国各地区猪肉生产的影响路径与中美经贸摩擦情景相似，具体包括四条：第一，猪肉价格上涨引起本地区猪肉生产收益增加，从而使本地区猪肉产量增加；第二，大豆价格上涨引起本地区猪肉生产成本增加，从而使本地区猪肉产量减少；第三，其他地区猪肉供给增加会减缓猪肉市场价格的上涨或加剧猪肉市场价格的降低，从而使本地区猪肉生产收益的增加幅度下降或下降幅度增加，进一步引起本地区猪肉产量增加幅度下降或减少幅度上升，反之亦反；第四，其他地区大豆供给增加会减缓大豆市场价格的上涨或加剧大豆市场价格的降低，从而使本地区猪肉生产成本的增加幅度下降或下降幅度增加，进一步引起本地区猪肉产量减少幅度下降或增加幅度上升，反之亦反。在上述可能路径的影响下，各地区猪肉生产的变化取决于每种路径的作用强度，以及各地区猪肉生产对于猪肉和大豆市场价格变化的反应程度。根据表 6-11，情景 C1 中山东和四川猪肉产量减少，而在情景 C2 和情景 C3 中山东和四川猪肉产量增加，说明在新冠肺炎疫情只影响国际市场猪肉供给的情形下，对于山东和四川猪肉产量的变化来说，第二种影响路径和第三种影响路径发挥的作用比较大。而在新冠肺炎疫情同时影响国际市场猪肉和大豆供给时，对于山东和四川猪肉产量的变化来说，第一种影响路径和第四种影响路径发挥的作用比较大。

表6－11　新冠肺炎疫情情景下的猪肉分地区产量变化

单位：万吨

地区	情景 C1		情景 C2		情景 C3	
	变化值（万吨）	变化率（%）	变化值（万吨）	变化率（%）	变化值（万吨）	变化率（%）
山东	−1.22	−0.20	0.09	0.02	1.52	0.25
四川	−0.38	−0.05	2.80	0.37	7.52	0.98
重庆	−0.26	−0.13	−0.51	−0.25	−1.03	−0.51
上海	−0.00	−0.01	0.05	0.25	0.14	0.64
西藏	0.01	0.23	0.00	0.02	0.00	−0.19
宁夏	0.02	0.27	0.00	0.03	−0.02	−0.22
北京	0.04	0.14	0.06	0.22	0.11	0.41
青海	0.04	0.35	0.01	0.07	−0.02	−0.19
天津	0.08	0.23	0.02	0.07	−0.02	−0.07
新疆	0.09	0.16	0.15	0.26	0.28	0.49
海南	0.10	0.16	0.09	0.15	0.12	0.20
浙江	0.11	0.08	−1.72	−1.26	−4.27	−3.13
甘肃	0.23	0.29	−0.06	−0.08	−0.41	−0.52
山西	0.34	0.35	−0.03	−0.03	−0.45	−0.46
陕西	0.42	0.33	−0.09	−0.07	−0.69	−0.54
内蒙古	0.50	0.37	−0.02	−0.02	−0.61	−0.45
福建	0.52	0.27	0.03	0.02	−0.49	−0.26
安徽	0.57	0.16	−0.05	−0.01	−0.75	−0.22
贵州	0.64	0.26	0.69	0.28	1.07	0.43
吉林	0.67	0.32	0.02	0.01	−0.67	−0.32
江苏	0.69	0.21	−0.06	−0.02	−0.90	−0.28
黑龙江	0.70	0.31	−0.47	−0.20	−1.95	−0.85
河北	0.87	0.21	0.68	0.16	0.79	0.19
云南	0.90	0.19	−0.61	−0.13	−2.55	−0.53
广西	1.02	0.25	0.84	0.21	1.03	0.26
广东	1.14	0.26	0.05	0.01	−1.12	−0.26

（续）

地区	情景 C1		情景 C2		情景 C3	
	变化值（万吨）	变化率（%）	变化值（万吨）	变化率（%）	变化值（万吨）	变化率（%）
江西	1.15	0.28	−0.24	−0.06	−1.85	−0.45
辽宁	1.18	0.35	0.01	0.00	−1.26	−0.38
湖北	1.83	0.32	−0.40	−0.07	−3.01	−0.53
河南	2.34	0.32	0.56	0.08	−1.10	−0.15
湖南	3.16	0.37	−0.86	−0.10	−5.60	−0.65

（3）猪肉进口格局影响分析

新冠肺炎疫情背景下我国猪肉进口下降的原因有两个方面。第一，由于美国猪肉超额供给的减少，原美国猪肉的主要进口国（例如墨西哥等）猪肉供给不足，对除美国之外的其他出口国（例如加拿大等）的猪肉需求增加，挤压了这些国家对中国的出口。第二，世界市场转基因大豆供给的急剧下降（情景 C2 和情景 C3），导致同时进口大豆和出口猪肉的地区（主要是欧盟）的猪肉生产成本增加，一定程度上压缩了这些地区猪肉的超额供给，直接影响其对中国的出口。需要说明的是，本研究使用的 GT - CASM 模型没有刻画进出口地区猪肉生产与大豆消费之间的关联性。但是，由于中国对于转基因大豆的进口占据转基因大豆国际出口总量的比重超过 72%，欧盟进口的比重仅占 9%左右，因此模型的局限性不会对结果造成严重影响。据此，本研究中新冠肺炎疫情下中国猪肉进口减少的程度存在被小幅度低估的情况，实际的猪肉进口可能会下降更多。

从猪肉进口格局的变化来看，新冠肺炎疫情暴发后，我国猪肉的进口来源国对我国猪肉的出口均下降，且对我国猪肉出口减少最多的国家（地区）是美国和欧盟（图 6 - 4）。我国对美国猪肉进口的减少主要是因为在新冠肺炎疫情冲击下美国猪肉超额供给下降幅度过大或减少为 0。我国对欧盟进口减少的主要原因是欧盟是我国猪肉主要进口地区，同时也是世界最大的猪肉出口地区，在美国猪肉超额供给急剧减少的情况下，原先从美国进口猪肉的国家将进口市场转向欧盟，从而挤压了欧盟对中国的猪肉出口。同时，加拿大和其他国家对我国出口的猪肉也有相应减少，减少的原因与欧盟相同。从数值上看，我国对欧盟、美国和加拿大猪肉的进口在情景 C1 中分别减少约 15.7 万吨、12 万吨和 6.4 万吨，在情景 C2 中分别减少约 14.3 万吨、11.6 万吨和 5.9 万吨，在情景 C3 中分别减少约 18.5 万吨、16.6 万吨和 9.5 万吨。

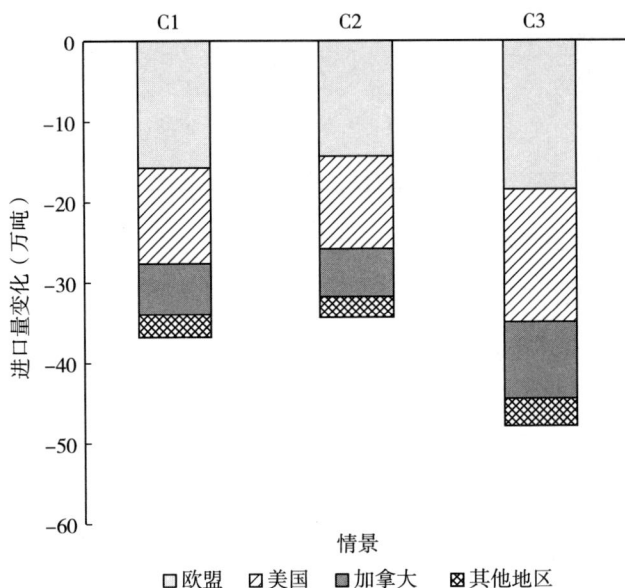

图 6-4　新冠肺炎疫情情景下的猪肉进口格局变化

（4）大豆供给影响分析

为了解释我国猪肉供给量在新冠肺炎疫情冲击下的变化情况，需要对饲用大豆供给的变化进行分析。根据表 6-12，在国际市场大豆超额供给没有受到新冠肺炎疫情影响的情景 C1 中，我国转基因大豆和非转基因大豆的供给量和价格都小幅增加，主要是为了满足我国猪肉生产扩张的需要，这与表 6-10 情景 C1 中我国猪肉产量的增加相对应。在国际市场猪肉和大豆同时受到新冠肺炎疫情影响而出现超额供给下降时，我国转基因大豆供给出现明显下降，非转基因大豆供给出现明显增加，且主要来自国内产量的增加。其中，C2 情景中转基因大豆供给量减少约 159 万吨，非转基因大豆增加约 102 万吨，在非转基因大豆增加的部分全部用作饲料用途的情况下，按照非转基因和转基因大豆的出粕率分别为 83% 和 79.5%

进行计算，我国饲用大豆供给还存在约 61 万吨的供需缺口。C3 情景中转基因大豆供给量减少约 399 万吨，非转基因大豆增加约 250 万吨，按照上述方法进行计算，我国饲用大豆供给还存在约 159 万吨的供需缺口。根据表 6-10，C2 情景下我国猪肉产量增加约 1 万吨，C3 情景下我国猪肉产量减少约 16 万吨，这是因为在 C2 情景下饲用大豆供需缺口并没有减少猪肉生产，而是减少了其他畜禽产品生产（表 6-13）。而在 C3 情景下，由于饲用大豆供需缺口过大，猪肉生产也会减少。并且，由于国际市场转基因大豆超额供给的减少和畜牧业对非转基因大豆需求的增加，两种大豆的价格在 C2 和 C3 情景中都出现了显著的增加，其中转基因大豆在 C2 和 C3 情景下价格分别增加 7.45% 和 18.59%，非转基因大豆在 C2 和 C3 情景下价格分别增加 8.92% 和 21.87%。饲用大豆价格上升造成了猪肉生产饲料成本的增加，从而影响国内猪肉的生产。另外，非转基因大豆供给的增加受益于国内产量和进口量的同步增加，且国内产量增加的比重更大，最大增幅高达 11.72%。

表 6-12　新冠肺炎疫情情景下的大豆供给变化

大豆	情景	产量		进口量		供给量		价格	
		变化值（万吨）	变化率（%）	变化值（万吨）	变化率（%）	变化值（万吨）	变化率（%）	变化值（元/千克）	变化率（%）
转基因	C1			6.4	0.07	6.4	0.07	0.00	0.05
	C2			−159.3	−1.80	−159.3	−1.80	0.23	7.45
	C3			−398.6	−4.49	−398.6	−4.49	0.58	18.59
非转基因	C1	0.7	0.04	0.2	0.40	0.9	0.05	0.00	0.08
	C2	83.7	4.79	18.3	44.69	102.0	5.71	0.34	8.92
	C3	204.7	11.72	45.4	111.00	250.0	13.99	0.82	21.87

表 6-13　新冠肺炎疫情情景下的畜禽产品产量变化

单位：万吨

畜禽产品	情景 C1	情景 C2	情景 C3
猪肉	17.50	1.04	−16.20
鸡肉	−0.74	−22.13	−55.30

（续）

畜禽产品	情景 C1	情景 C2	情景 C3
牛肉	−0.34	−8.73	−21.84
羊肉	−0.12	−2.97	−7.48
鸡蛋	−1.23	−33.33	−80.40
牛奶	−0.93	−23.95	−59.80

6.4 叠加"黑天鹅"事件影响分析

6.4.1 模拟情景设置

考虑到中美经贸摩擦、非洲猪瘟和新冠肺炎疫情具有叠加发生的特征，为了测度猪肉供给不足和价格过高风险的可能应对政策在近年来"黑天鹅"事件叠加发生背景下的效果，本部分基于中美经贸摩擦、非洲猪瘟和新冠肺炎疫情单一"黑天鹅"事件的模拟结果，设置叠加"黑天鹅"情景进行模拟分析，为第 7 章的应对政策分析提供基础。具体来说，根据本章前三节内容的研究结论，本部分按照猪肉供给下降幅度和价格上升幅度所受影响程度低、中和高对不同"黑天鹅"事件对应的情景进行分类。需要说明的是，由于中美经贸摩擦背景下中国对美国猪肉和大豆豁免加征关税为暂时性措施，因此在综合情景中未加以考虑。中美经贸摩擦事件中，情景 A1、A2 和 A3 分别对应低、中和高风险程度情景；非洲猪瘟事件中，情景 B1、B2 和 B3 分别对应低、中和高风险程度情景；新冠肺炎疫情事件中，情景 C1、C2 和 C3 分别对应低、中和高风险程度情景。按照上述划分的低、中和高影响程度情景，本研究将三项"黑天鹅"事件对应的情景进行重新组合，设置综合情景，见表 6-14。具体来说，综合情景 D1 对应低风险"黑天鹅"事件，包括中美经贸摩擦事件的低风险情景 A1、非洲猪瘟事件的低风险情景 B1 和新冠肺炎疫情事件的低风险情景 C1。同理，综合情景 D2 和 D3 分别对应中风险"黑天鹅"事件和高风险"黑天鹅"事件。

另外，非洲猪瘟的暴发还可能引起居民消费猪肉的恐慌情绪，从而使猪肉消费减少，为了进行全面的分析，需要同时将猪肉需求的变动纳入考虑范围。朱佳等（2019）在非洲猪瘟冲击后对辽宁省沈阳市居民的猪肉消费情况调查的结果显示，样本中大概有10%的居民以为"食用猪肉会感染非洲猪瘟"，从而由于恐慌情绪而停止消费猪肉。因此本研究在D1情景的基础上增加了"猪肉消费减少10%"的冲击，从而设置情景D0，用来考察猪肉消费的减少会如何进一步影响我国猪肉供给。

表6-14 叠加"黑天鹅"事件冲击综合情景设置

综合情景	事件	情景	描 述
D0	中美经贸摩擦	A1	对自美国进口的猪肉和大豆分别加征30%和27.5%的关税
	非洲猪瘟	B1	生猪和能繁母猪存栏分别下降19.5%和18.5%
	新冠肺炎疫情	C1	美国猪肉超额供给下降91%
	非洲猪瘟		猪肉需求减少10%
D1	中美经贸摩擦	A1	对自美国进口的猪肉和大豆分别加征30%和27.5%的关税
	非洲猪瘟	B1	生猪和能繁母猪存栏分别下降19.5%和18.5%
	新冠肺炎疫情	C1	美国猪肉超额供给下降91%
D2	中美经贸摩擦	A2	对自美国进口的猪肉和大豆分别加征35%和30%的关税
	非洲猪瘟	B2	生猪和能繁母猪存栏分别下降19.5%和18.5% 限制从德国进口猪肉
	新冠肺炎疫情	C2	美国猪肉超额供给下降91%，主产国大豆超额供给下降10%
D3	中美经贸摩擦	A3	对自美国进口的猪肉和大豆分别加征45%和35%的关税
	非洲猪瘟	B3	生猪和能繁母猪存栏分别下降39%和37% 限制从欧盟所有成员国进口猪肉
	新冠肺炎疫情	C3	美国猪肉超额供给下降为0，主产国大豆超额供给下降25%

6.4.2 模拟结果与讨论

（1）猪肉供给影响分析

叠加"黑天鹅"事件导致我国猪肉供给大幅度下降，价格大幅度上升。根据表6-15，若不考虑猪肉需求的变化，在低风险叠加"黑天鹅"事件情景（情景D1）下，猪肉供给下降1 466万吨，下降幅度为16.89%，猪肉价格上涨35.18%。在中风险叠加"黑天鹅"事件情景（情景D2）

下，猪肉供给下降 1 507 万吨，下降幅度为 17.36%，猪肉价格上涨 36.16%；在高风险叠加"黑天鹅"事件情景（情景 D3）下，猪肉供给下降高达 3 280 万吨，下降幅度升至 37.78%，猪肉价格猛增 78.70%。其中，猪肉供给量的下降由猪肉产量的下降主导，国际市场进口的增加一定程度上填补了国内猪肉的供需缺口，但是作用很小。具体地，在低风险叠加"黑天鹅"事件的情景 D1 下，猪肉产量下降约 1 651 万吨，降幅为 19.28%；在中风险叠加"黑天鹅"事件的情景 D2 下，猪肉产量下降约 1 663 万吨，降幅为 19.43%；在高风险叠加"黑天鹅"事件的情景 D3 下，猪肉产量下降 3 315 万吨左右，降幅高达 38.73%。相对应地，猪肉进口量分别增加约 185 万吨、156 万吨和 35 万吨，增加绝对值占总产量减少绝对值的比重非常小。综合以上，在"黑天鹅"事件的叠加影响下，我国猪肉供给显著下降，猪肉价格飙升。并且，随着风险程度的增加，我国猪肉供给下降逐渐增多，且价格上涨幅度更大。

表 6-15　叠加"黑天鹅"事件情景下的猪肉供给变化

情景	产量		进口量		供给量		价格	
	变化值（万吨）	变化率（%）	变化值（万吨）	变化率（%）	变化值（万吨）	变化率（%）	变化值（元/千克）	变化率（%）
D0	−2 043	−23.86	118	96.69	−1 925	−22.17	3.83	25.36
D1	−1 651	−19.28	185	151.66	−1 466	−16.89	5.32	35.18
D2	−1 663	−19.43	156	128.33	−1 507	−17.36	5.46	36.16
D3	−3 315	−38.73	35	29.00	−3 280	−37.78	11.89	78.70

注：价格指的是活猪价格。

若考虑猪肉需求同步减少的情况，将 D0 情景的模拟结果与 D1 情景的模拟结果比较，猪肉产量下降幅度会增加，进口量增加变少，导致供给量下降幅度增加，而价格上升的幅度会相应减少。从数值上看，D0 情景下，我国猪肉总供给减少 1 925 万吨，减少幅度为 22.17%；猪肉价格上升 25.36%。由此可见，猪肉需求的减少可缓解叠加"黑天鹅"事件带来的我国猪肉价格急剧上升的趋势。但是，由于居民消费猪肉的恐慌情绪只会在短期内存在，恐慌情绪消除之后，猪肉价格上升幅度会增加到 D1 情景中的水平。

根据本章前面三节的模拟分析,在中美经贸摩擦、非洲猪瘟和新冠肺炎疫情三项"黑天鹅"事件中,非洲猪瘟对猪肉供给的影响最大。因此,下面以非洲猪瘟为主要核心事件,分析中美经贸摩擦和新冠肺炎疫情在此基础上的叠加影响。在猪肉总供给变化方面,根据6.2节的模拟结果,非洲猪瘟情景下猪肉供给量分别下降1 420万吨、1 446万吨和3 148万吨,猪肉价格分别上升34.08%、34.70%和75.54%(表6-6)。相较于非洲猪瘟情景的猪肉供给变化,叠加"黑天鹅"事件背景下我国猪肉供给量减少加剧,猪肉价格上涨幅度增加,这是中美经贸摩擦和新冠肺炎疫情都造成我国猪肉供给下降和价格上涨的综合作用的结果(表6-2和表6-10)。并且,如果进一步考虑猪肉需求变动的影响,猪肉供给量会进一步下降,但价格上升幅度会减小。具体从猪肉产量变化和进口量变化两个方面来看,非洲猪瘟在严重程度从低到高的情景下分别导致我国猪肉产量下降1 669万吨、1 669万吨和3 339万吨,进口量增加249万吨、223万吨和191万吨(表6-6)。相较于非洲猪瘟情景,叠加"黑天鹅"事件下国内猪肉产量减少值下降,进口量增加值也下降。如果进一步考虑猪肉需求变动的影响,猪肉产量下降幅度会增加,但进口量增加幅度进一步减小。

(2)猪肉分地区生产影响分析

表6-16展示了叠加"黑天鹅"事件冲击下我国不同地区猪肉生产的变化情况,是单一"黑天鹅"事件对不同地区猪肉生产的影响的综合作用的结果。由于在中美经贸摩擦、非洲猪瘟和新冠肺炎疫情三项"黑天鹅"事件当中,非洲猪瘟对猪肉产量变化的影响最大,因此表6-16中情景D1、情景D2和情景D3的结果只是在非洲猪瘟情景模拟结果的基础上有小幅调整,仍然表现为基期生产规模较大的省份猪肉减产绝对值较大,基期生产规模较小的省份猪肉减产绝对值较小。例如湖南、四川、河南、山东和湖北等生猪养殖大省在D3情景下猪肉产量下降均超过200万吨,而上海、青海、宁夏和西藏这些生产规模较小的地区猪肉减产不超过10万吨。同时,通过表6-16可以发现,不同地区猪肉减产幅度相对于非洲猪瘟情景下猪肉减产幅度存在差异。例如,山东省在叠加"黑天鹅"事件

D1、D2 和 D3 情景中的猪肉减产幅度均超过对应的非洲猪瘟情景中的猪肉减产幅度，而河南省在叠加"黑天鹅"事件 D1、D2 和 D3 情景中的猪肉减产幅度均小于对应的非洲猪瘟情景中的猪肉减产幅度。另外，由于情景 D0 在情景 D1 基础上加入了猪肉需求减少的冲击，相对于情景 D1 的猪肉产量，四川省、山东省、重庆市和上海市出现了减产幅度下降的趋势，其他地区出现了减产幅度上升的趋势，这说明在猪肉需求减少的情况下，增加四川省和山东省的猪肉生产和减少其他地区猪肉生产能够实现新的均衡状态下的福利最大化。

不同风险程度的叠加"黑天鹅"事件冲击对我国不同地区猪肉生产的影响存在差异的原因在于三项"黑天鹅"事件同时以不同的程度和方向影响我国猪肉和大豆供给。并且，基于相同的猪肉和大豆市场供给变化，不同地区猪肉生产变化对其他地区猪肉生产的影响也存在差异，因此为了达到各地区猪肉生产要素的最优配置以实现新均衡状态下的福利最大化，不同地区猪肉产量变动方向和幅度在同一情景下也会存在一定的差异。由于中美经贸摩擦、非洲猪瘟和新冠肺炎疫情三项单一"黑天鹅"事件对我国不同地区猪肉生产的影响路径在前文对应章节中均有说明，此处不再赘述。

表 6-16　叠加"黑天鹅"事件情景下的分地区猪肉产量变化

单位：万吨

地区	情景 D0		情景 D1		情景 D2		情景 D3	
	变化值（万吨）	变化率（%）	变化值（万吨）	变化率（%）	变化值（万吨）	变化率（%）	变化值（万吨）	变化率（%）
湖南	−236.9	−27.54	−165.4	−19.22	−168.6	−19.59	−335.1	−38.95
四川	−136.9	−17.91	−147.6	−19.30	−144.9	−18.95	−290.2	−37.97
河南	−193.0	−26.21	−140.9	−19.13	−142.2	−19.31	−283.1	−38.44
山东	−90.7	−15.16	−118.1	−19.74	−117.2	−19.59	−235.2	−39.32
湖北	−150.5	−26.57	−109.0	−19.24	−110.8	−19.56	−220.5	−38.92
云南	−114.3	−23.76	−93.5	−19.43	−94.8	−19.70	−189.0	−39.28
广东	−109.3	−25.13	−83.7	−19.25	−84.6	−19.44	−168.5	−38.73
江西	−106.0	−25.57	−80.0	−19.28	−81.1	−19.55	−161.4	−38.93

（续）

地区	情景 D0		情景 D1		情景 D2		情景 D3	
	变化值（万吨）	变化率（%）	变化值（万吨）	变化率（%）	变化值（万吨）	变化率（%）	变化值（万吨）	变化率（%）
河北	−99.3	−23.75	−80.2	−19.18	−80.3	−19.20	−160.1	−38.29
广西	−99.2	−24.66	−76.8	−19.10	−76.9	−19.11	−153.2	−38.08
安徽	−80.6	−23.08	−67.7	−19.37	−68.2	−19.52	−136.0	−38.94
辽宁	−89.9	−27.12	−63.5	−19.15	−64.4	−19.43	−128.1	−38.63
江苏	−77.7	−24.13	−62.2	−19.32	−62.8	−19.51	−125.2	−38.89
贵州	−61.3	−24.60	−47.5	−19.04	−47.4	−19.00	−94.4	−37.86
黑龙江	−60.3	−26.38	−44.3	−19.37	−45.2	−19.79	−90.0	−39.38
吉林	−55.6	−26.29	−40.6	−19.19	−41.1	−19.42	−81.7	−38.65
重庆	−34.7	−17.15	−40.2	−19.88	−40.5	−20.03	−81.2	−40.14
福建	−48.2	−25.37	−36.5	−19.23	−36.9	−19.43	−73.5	−38.70
浙江	−30.3	−22.21	−26.2	−19.25	−27.1	−19.89	−53.6	−39.31
内蒙古	−37.1	−27.49	−25.9	−19.15	−26.3	−19.45	−52.3	−38.67
陕西	−34.3	−26.62	−24.8	−19.24	−25.2	−19.56	−50.1	−38.92
山西	−26.6	−27.09	−18.9	−19.18	−19.2	−19.48	−38.1	−38.75
甘肃	−20.4	−25.80	−15.2	−19.29	−15.5	−19.59	−30.8	−39.00
海南	−13.0	−21.34	−11.2	−18.34	−11.2	−18.34	−22.3	−36.61
新疆	−12.7	−22.58	−10.8	−19.16	−10.7	−19.06	−21.4	−38.03
天津	−8.1	−24.30	−6.4	−19.23	−6.5	−19.35	−12.9	−38.57
北京	−6.1	−22.21	−5.3	−19.21	−5.3	−19.13	−10.5	−38.20
上海	−4.1	−18.99	−4.2	−19.35	−4.1	−19.14	−8.3	−38.31
青海	−3.2	−26.90	−2.2	−19.10	−2.3	−19.31	−4.5	−38.41
宁夏	−2.2	−25.20	−1.7	−19.23	−1.7	−19.42	−3.4	−38.67
西藏	−0.6	−24.35	−0.4	−19.27	−0.4	−19.43	−0.9	−38.73

（3）猪肉进口格局影响分析

从猪肉进口格局的变化来看，在欧盟猪肉出口没有受到"黑天鹅"事件冲击的 D1 情景下，对美国猪肉进口减少 11 万吨，猪肉进口补充主要依赖欧盟国家（德国除外），总计增加 118 万吨，占 D1 情景进口增加总量的比重接近 64%（图 6-5）。在德国猪肉受非洲猪瘟影响被限制向中国出口的 D2 情景下，进口补充仍然是依靠欧盟其余成员国，进口增加高达 125 万吨。在欧盟所有成员国的猪肉均被禁止出口到中国的 D3 情景下，我国猪肉进口补充的主力军转变为加拿大和其他出口地区，二者总计增加进口 132 万吨。若在情景 D1 的基础上考虑猪肉需求受非洲猪瘟影响下降 10%（情景 D0），对美国猪肉进口减少量相对于情景 D1 有所增加，而对其他国家猪肉进口增加量相对于情景 D1 有所减少，因此猪肉总进口量相对于情景 D1 出现较大幅度的下降。

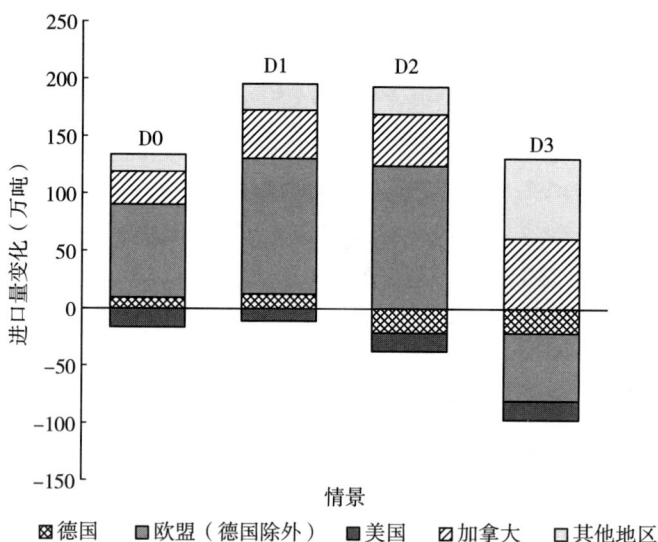

图 6-5　叠加"黑天鹅"事件情景下的猪肉进口变化情况

（4）大豆供给影响分析

叠加"黑天鹅"事件冲击下，转基因大豆供给量呈现明显的下降趋势，其中价格在低风险叠加"黑天鹅"事件下小幅下降，在中、高风险叠加"黑天鹅"事件下显著上升；非转基因大豆在低风险叠加"黑天鹅"事件下供给量和价格基本没有变化，在中、高风险叠加"黑天鹅"事件下供给量和价格都明显增加。对于转基因大豆来说，供给量减少的原因有两个方面，首先中美经贸摩擦背景下我国对美国大豆征收进口关税和新冠肺炎疫情背景下国际市场大豆超额供给下降增加了转基因大豆的进口成本，其次非洲猪瘟对我国生猪产业的侵袭导致畜牧业对转基因大豆的需求减少，前者将导致转基因大豆价格上升，后者将导致转基因大豆价格下降。因此，在低风险叠加"黑天鹅"事件下转基因大豆价格的下降说明了非洲猪瘟的冲击大于中美经贸摩擦和新冠肺炎疫情的冲击，在中、高风险叠加"黑天鹅"事件下转基因大豆价格的增加说明了中美经贸摩擦和新冠肺炎疫情的冲击超过了非洲猪瘟的冲击。由表6-17可知，在低风险叠加"黑天鹅"事件下，转基因大豆供给量下降671万吨，若进一步考虑猪肉需求的减少，供给量将下降850万吨；与此同时，转基因大豆价格分别下降1.46%和2.90%。在中、高风险叠加"黑天鹅"事件下，转基因大豆供给量分别下降977万吨和1909万吨，价格分别上涨5.79%和12.89%。对于非转基因大豆来说，在低风险叠加"黑天鹅"事件下供给基本没有变化，非转基因大豆基本没有被用来填补畜牧业生产中转基因大豆减少的缺口。在中、高风险叠加"黑天鹅"事件下，供给量和价格均有所增加，且国内产量增加更为显著。这说明当国际市场转基因大豆供给急剧下降时，非转基因大豆会对畜牧业所需的饲用大豆进行部分补充，且主要来自国内产量的增加。具体来说，非转基因大豆在中、高风险叠加"黑天鹅"事件的冲击下，供给量分别增加87万吨和149万吨，价格分别增加7.60%和13.07%。

表6-17 叠加"黑天鹅"事件情景下的大豆供给变化

大豆	情景	产量		进口量		供给量		价格	
		变化值（万吨）	变化率（%）	变化值（万吨）	变化率（%）	变化值（万吨）	变化率（%）	变化值（元/千克）	变化率（%）
转基因	D0			−850	−9.58	−850	−9.58	−0.09	−2.90
	D1			−671	−7.56	−671	−7.56	−0.05	−1.46
	D2			−977	−11.01	−977	−11.01	0.18	5.79
	D3			−1 909	−21.51	−1 909	−21.51	0.40	12.89
非转基因	D0	0	0.00	0	0.00	0	0.00	0.00	0.00
	D1	0	0.00	0	0.00	0	0.00	0.00	0.00
	D2	71	4.08	16	38.18	87	4.86	0.29	7.60
	D3	123	7.03	27	65.24	149	8.36	0.49	13.07

6.5　本章小结

　　本章分别量化了中美经贸摩擦、非洲猪瘟和新冠肺炎疫情三项单一"黑天鹅"事件以及叠加"黑天鹅"事件对我国猪肉供给的影响,并结合"黑天鹅"事件背景下饲用大豆供给的变化对猪肉供给变化进行分析,主要结论如下:

　　①中美经贸摩擦导致我国猪肉供给下降和价格上升,但是影响程度较小。随着加征关税力度逐步增强,我国猪肉供给减少和价格上升幅度均有所增加。在不同加征关税力度的情景中,我国猪肉供给下降13.95万~19.33万吨,下降幅度为0.16%~0.22%,价格上升0.33%~0.46%。猪肉国内产量和进口量的同时下降造成了猪肉供给量的减少。就猪肉产量的变化来看,我国不同地区猪肉产量有增有减,其中四川省增产最多,湖南省减产最多。就猪肉进口变化来看,进口下降全部来源于从美国进口猪肉的减少,加征关税情况下我国基本上停止了从美国进口猪肉,尽管从欧盟等地区进口的猪肉一定程度上会增加,但不足以弥补从美国进口猪肉的减少。从大豆的供给变化角度来看,我国猪肉在中美经贸摩擦冲击下没有出现供给大幅下降和价格大幅上升的主要原因是:自美进口转基因大豆的大幅减少可以由自巴西等国家进口的增加以及非转基因大豆国内产量和进口量的增加进行有效补充,从而没有造成饲用大豆供需形成巨大缺口和价格过高的情形。

　　②非洲猪瘟造成我国猪肉产量大幅下降,从而引起猪肉供给急剧下降和价格剧烈上升。在只有国内猪肉生产受到非洲猪瘟影响且影响程度较小时,我国猪肉产量下降1 669万吨,进口补充249万吨,总供给量减少1 420万吨,减少幅度达到16.36%,价格上升34.08%。在德国猪肉受到非洲猪瘟影响而被中国限制进口时,猪肉进口增加223万吨,总供给量减少1 446万吨,价格上涨34.70%。在国内受非洲猪瘟影响程度较大且我国限制从欧盟进口猪肉时,国内产量下降3 339万吨,进口增加191万吨,总供给下降3 148万吨,下降幅度高达36.26%,同时价格飙升

75.54%。就国内不同地区猪肉生产的变化来看，猪肉产量的减少幅度相同，减少绝对值取决于基期的生产规模。就猪肉进口格局的变化来看，在国际市场未受非洲猪瘟冲击时，我国猪肉进口增加主要依靠欧盟地区；在从德国进口猪肉同时受到非洲猪瘟冲击时，我国猪肉进口增加主要来自欧盟其他成员国；在从欧盟进口猪肉同时受到非洲猪瘟影响时，我国猪肉进口主要由美国和加拿大进行补充。就饲用大豆供给的变化来看，在非洲猪瘟冲击下我国非转基因大豆供给基本没有发生变化，只会使得原来用于压榨生产豆油和豆粕的极小一部分非转基因大豆转化为其他用途，而转基因大豆供给显著减少。

③新冠肺炎疫情背景下来自国际市场的猪肉和大豆供给减少冲击会导致我国猪肉供给下降和价格上涨，但总体影响不大。在新冠肺炎疫情不同严重程度情景下，猪肉供给量分别下降19万吨、33万吨和64万吨，下降幅度分别为0.22%、0.38%和0.74%，价格相应增加0.46%、0.80%和1.54%。就国内不同地区猪肉生产来说，新冠肺炎疫情冲击对我国不同地区猪肉生产的影响存在差异，其中山东省和四川省的猪肉产量在仅美国猪肉超额供给减少时呈现下降趋势，而在国际市场猪肉和大豆超额供给均减少时呈现上升趋势。从猪肉进口格局的变化来看，新冠肺炎疫情暴发后，我国猪肉的进口来源国对我国猪肉的出口均下降且减少最多是美国和欧盟。就饲用大豆供给的变化情况来看，在国际市场大豆超额供给没有受到新冠肺炎疫情影响时，我国转基因大豆和非转基因大豆的供给量和价格都小幅增加，主要是为了满足我国猪肉生产扩张的需要；在国际市场猪肉和大豆同时受到新冠肺炎疫情影响而出现超额供给下降时，我国饲用大豆供给减少，其中转基因大豆供给出现明显下降，非转基因大豆供给出现明显增加，且主要来自国内产量的增加。当饲用大豆供需缺口较小时，我国不会减少猪肉生产，而是减少其他畜禽产品生产；当饲用大豆供需缺口较大时，猪肉和其他畜禽产品生产都会减少。

④叠加"黑天鹅"事件导致我国猪肉供给大幅度下降、价格大幅度上升，其中非洲猪瘟的冲击是主导因素。若不考虑猪肉需求的变化，在低风险叠加"黑天鹅"事件情景下，猪肉供给下降16.89%，价格上涨

35.18%；在中风险叠加"黑天鹅"事件情景下，猪肉供给下降 17.36%，价格上涨 36.16%；在高风险叠加"黑天鹅"事件情景下，猪肉供给下降 37.78%，价格猛增 78.70%。其中，猪肉供给量的下降由猪肉产量的下降主导，这主要是因为在中美经贸摩擦、非洲猪瘟和新冠肺炎疫情三项"黑天鹅"事件中，非洲猪瘟导致猪肉大幅减产。若考虑非洲猪瘟冲击下猪肉需求同步减少的情况，猪肉供给下降幅度会进一步增加，而价格上升幅度会减小，因此猪肉需求的减少一定程度上可缓解叠加"黑天鹅"事件带来的我国猪肉价格急剧上升的趋势。就大豆供给变化而言，叠加"黑天鹅"事件冲击下，转基因大豆供给量呈现明显的下降趋势，价格在低风险叠加"黑天鹅"事件下小幅下降，在中、高风险叠加"黑天鹅"事件下显著上升。非转基因大豆在低风险叠加"黑天鹅"事件下供给量和价格基本没有变化，在中、高风险叠加"黑天鹅"事件下供给量和价格都明显增加，其中国内产量增加值较大。这说明当国际市场转基因大豆供给急剧减少时，非转基因大豆会对畜牧业所需的饲用大豆进行一定程度的补充，且主要来自国产大豆产量的增加。

7 "黑天鹅"事件下猪肉供给风险的对策分析

本章旨在寻找应对"黑天鹅"事件冲击下猪肉供给短缺和价格过高问题的可能政策选项，并以中风险叠加"黑天鹅"事件冲击为例，就各项应对政策的效果和成本进行评估。为了增强各项应对政策之间的可比性，本章以将中风险叠加"黑天鹅"事件冲击下猪肉价格上升幅度控制在既定范围内（以5％为例）作为政策目标，探讨各项应对政策的可行性，并对政策的效果和成本进行评估。具体来说，本章将从国内和国际两个角度提供可能的应对政策，国内应对政策主要包括调整非洲猪瘟强制扑杀补贴政策、调整大豆生产者补贴政策以及优化畜禽饲料配方，国际应对政策主要包括调减猪肉的进口关税和调减大豆的进口关税。

7.1 国内对策分析

7.1.1 调整非洲猪瘟强制扑杀补贴政策

第6章的结论显示，在叠加"黑天鹅"事件冲击下我国猪肉供给大幅下降和价格急剧上升的主要原因是非洲猪瘟直接对生猪生产规模产生重创，因此为了应对"黑天鹅"事件对生猪生产的直接打击，必须考虑如何通过调整生猪生产支持政策从根源上刺激重大动物疫病风险下的生猪生产恢复。非洲猪瘟在中国暴发以来，为了稳定生猪生产和保障猪肉供应，中国银保监会办公厅、农业农村部办公厅联合发布《关于支持做好稳定生猪生产保障市场供应有关工作的通知》（银保监办发〔2019〕189号），继续按照《关于做好非洲猪瘟强制扑杀补助工作的通知》（财农〔2018〕98号）有关要求执行因非洲猪瘟疫情强制扑杀生猪的补助工作。政策规定对于能繁母猪和 150 千克以上的肥猪，补贴 1 200 元/头，对于 100～150 千克的肥猪，补贴 800 元/头，对于 40～100 千克的小肥猪，补助 500 元/头，对于 25～40 千克的架子猪，补贴 300 元/头，仔猪补助为 200 元/头，各地可以根据猪的大小、品种等因素细化标准。因此，本部分基于非洲猪瘟强制扑杀补贴政策的现状，思考如何调整非洲猪瘟强制扑杀补贴政策以增强政策效果，在最小化政策成本的同时，实现将中风险叠加"黑天鹅"事件冲击带来的猪肉价格上升控制在既定范围内的政策目标。

本部分的具体分析思路如下：首先，比较在相同政策成本下对生猪进行强制扑杀补贴和对能繁母猪进行强制扑杀补贴的政策效果，初步确定政策调整的思路；其次，分析在补贴成本逐步递增的情况下，我国不同地区猪肉生产的变化的差异性；最后，基于不同补贴成本下猪肉生产分地区变化的特点，制定地区差异化的非洲猪瘟强制扑杀补贴政策，确定在政策成本一定时的最优补贴方案；最后，基于非洲猪瘟强制扑杀补贴政策的最优补贴方案，将政策目标设定为将中风险叠加"黑天鹅"事件冲击下猪肉价格上升幅度控制在既定范围内，评估政策的可行性并测算政策成本。

（1）生猪与能繁母猪强制扑杀补贴政策分析

非洲猪瘟导致生猪和能繁母猪大量死亡，对生猪产业实行强制扑杀补贴政策可以直接促进生猪生产恢复，其重要作用显而易见。能繁母猪代表了生猪产业未来的产能（张利庠等，2020），从能繁母猪补栏到生猪出栏供应市场的时间约为 13 个月（李志萌和杨志诚，2016），当期生猪产能会影响到一年后的生猪市场供给。非洲猪瘟发生后，能繁母猪大量死亡导致仔猪供给急剧下降，仔猪价格增长迅猛，据农业农村部的数据统计，仔猪价格最高达到每头 2 000 元左右。根据《全国农产品成本收益资料汇编 2017》的数据，仔畜费占据生猪物质与服务费的比重接近 40%，占比很高。因此，为了促进生猪生产恢复，对能繁母猪进行补贴也十分关键。本部分旨在评估非洲猪瘟强制扑杀补贴政策的效果，着重比较相同政策成本下分别对生猪和能繁母猪实行强制扑杀补贴的政策效果。

　　根据《全国农产品成本收益资料汇编 2017》的数据，我国生猪主产品产量①的全国平均水平为 120 千克左右。按照《关于做好非洲猪瘟强制扑杀补助工作的通知》中对 100～150 千克的肥猪补贴 800 元/头的补贴标准，情景 E1-1 以生猪补贴 800 元/头、能繁母猪补贴 1 200 元/头为标准对非洲猪瘟下实行扑杀补助的政策效果进行评估。进一步地，情景 E1-2 在情景 E1-1 的基础上提高生猪补贴水平，情景 E1-3 在情景 E1-1 的基础上提高能繁母猪补贴水平。需要说明的是，情景 E1-2 和情景 E1-3 的政策成本相等。情景 E1-2 相对于情景 E1-1 来说，每头生猪增加了 400 元补贴。由于一头能繁母猪一年生产仔猪数量集中在 20～32 头②，窝仔存活率大概为 80%③，一头能繁母猪一年平均能够生产且存活的仔猪大约为 20 头，因此对每头生猪增加 400 元补贴相当于对每头能繁母猪增加 8 000 元补贴，而情景 D2 中假设生猪和能繁母猪存栏分别下降 19.5% 和 18.5%，则为了使非洲猪瘟强制扑杀补贴政策的成本与情景 E1-2 中相同，E1-3 情景中对每头能繁母猪的强制扑杀补贴水平为 9 632 元④。综合以上分析，关于生猪与能繁母猪强制扑杀补贴政策的情景设置见表 7-1。技术上，通过在 GT-CASM 模型的目标方程中增加生猪补贴项和调整仔猪供给曲线的截距项实现对表 7-1 中三种情景的量化。假设能繁母猪供给弹性与仔猪供给弹性完全相等，并且一头能繁母猪一年平均能够生产且存活的仔猪为 20 头，对能繁母猪强制扑杀补贴 1 200 元/头相当于对仔猪补贴 60 元/头，因此可通过调整仔猪供给曲线的截距项实现能繁母猪强制扑杀补贴政策在 GT-CASM 模型中的量化。

　　表 7-2 呈现了生猪与能繁母猪强制扑杀补贴政策调整的模拟结果。由表可知，情景 E1-2 和 E1-3 中猪肉供给量相对于情景 E1-1 均有所增

---

① 生猪的主产品产量按育肥猪出栏活重计算。
② 资料来源：https://www.sohu.com/a/447048206_120044415。
③ 资料来源：https://www.yangzhu360.com/shishi/20190716/12197.html。
④ 按照能繁母猪产仔数以及非洲猪瘟疫情下生猪和能繁母猪存栏下降比例计算得到，具体公式：1 200＋8 000×0.195÷0.185≈9 632。

加，价格相对于情景 E1－1 均有所减少，这说明无论是提高生猪强制扑杀补贴标准还是提高能繁母猪强制扑杀补贴标准，均能够促进生猪生产以增加猪肉供给和稳定价格。同时，情景 E1－2 相对于情景 E1－3 来说供给量增加的幅度更大、价格下降的幅度更大，说明在政策成本相同的情况下，对生猪进行强制扑杀补贴相较于对能繁母猪进行强制扑杀补贴更有利于生猪生产恢复，从而也更有助于增加猪肉供给和降低猪肉价格。从具体数值上看，相对于 D2 情景，E1－1、E1－2 和 E1－3 三种情景中猪肉供给量分别增加 844 万吨、1 236 万吨和 1 156 万吨，增加幅度分别为 11.76%、17.23%和 16.12%，价格分别下降 14.88%、21.79%和 20.37%，这说明调整非洲猪瘟强制扑杀补贴政策能够缓解中风险叠加"黑天鹅"事件下的猪肉供给减少和价格上升问题。相对于 2017 年基期情景，E1－1、E1－2 和 E1－3 三种情景中猪肉供给量分别减少 7.63%、3.12%和 4.04%，价格分别上升 15.90%、6.49%和 8.41%，相较于第 6 章 D2 情景下的模拟结果，猪肉供给下降幅度和价格上升幅度均明显减小。在不同的生猪和能繁母猪补贴政策设定下，情景 E1－1 对应的政策成本为 1 174 亿元，情景 E1－2 和情景 E1－3 对应的政策成本相同，均为 1 721 亿元。

表 7－1　生猪与能繁母猪强制扑杀补贴政策情景设置

情景	描　　述
E1－1	生猪补贴 800 元/头，能繁母猪补贴 1 200 元/头
E1－2	生猪补贴 1 200 元/头，能繁母猪补贴 1 200 元/头
E1－3	生猪补贴 800 元/头，能繁母猪补贴 9 632 元/头

表 7－2　生猪与能繁母猪强制扑杀补贴政策情景下的猪肉供给变化

项目	参考情景	指标	模拟情景		
			E1－1	E1－2	E1－3
供给量	基期	变化值（万吨）	−663	−270	−350
		变化率（%）	−7.63	−3.12	−4.04
	D2	变化值（万吨）	844	1 236	1 156
		变化率（%）	11.76	17.23	16.12

（续）

项目	参考情景	指标	模拟情景		
			E1-1	E1-2	E1-3
价格	基期	变化值（元/千克）	2.40	0.98	1.27
		变化率（%）	15.90	6.49	8.41
	D2	变化值（元/千克）	−3.06	−4.48	−4.19
		变化率（%）	−14.88	−21.79	−20.37
政策成本（亿元）			1 174	1 721	1 721

注：价格指的是活猪价格。

（2）全国统一的生猪强制扑杀补贴政策分析

根据前文的模拟结果，在增加相同政策成本的前提下，增加生猪的强制扑杀补贴标准比增加能繁母猪的强制扑杀补贴标准更能促进生猪生产，据此，本部分将在确定不同强度的生猪强制扑杀补贴标准对于提高猪肉供给和稳定猪肉价格的效果的基础上，重点探讨不同强度的生猪强制扑杀补贴对于我国不同地区生猪生产影响的差异性。具体来说，本部分在能繁母猪强制扑杀补贴标准一定的情况下，设置了六个不同等级的生猪强制扑杀补贴政策标准。其中，能繁母猪强制扑杀补贴标准在六种情景下均为1 200元/头，生猪强制扑杀补贴标准以200元/头的等值区间从400元/头逐步增加到1 400元/头，具体情景设置见表7-3。

表7-3 全国统一的生猪强制扑杀补贴政策情景设置

情景	描 述
E2-1	生猪强制扑杀补贴400元/头，能繁母猪强制扑杀补贴1 200元/头
E2-2	生猪强制扑杀补贴600元/头，能繁母猪强制扑杀补贴1 200元/头
E2-3	生猪强制扑杀补贴800元/头，能繁母猪强制扑杀补贴1 200元/头
E2-4	生猪强制扑杀补贴1 000元/头，能繁母猪强制扑杀补贴1 200元/头
E2-5	生猪强制扑杀补贴1 200元/头，能繁母猪强制扑杀补贴1 200元/头
E2-6	生猪强制扑杀补贴1 400元/头，能繁母猪强制扑杀补贴1 200元/头

表7-4的模拟结果说明生猪强制扑杀补贴强度越大，对于缓解"黑天鹅"风险下我国猪肉供给不足和价格过高的作用就越大，随着生猪强制扑杀补贴标准的逐步提高，猪肉供给量逐步增加，价格逐步下降。从具体

数值上看,相对于 2017 年基期情景,生猪强制扑杀补贴标准从 400 元/头增加到 1 400 元/头,猪肉供给减少量由 1 062 万吨下降到 83 万吨,减少幅度由 12.23% 下降到 0.95%,猪肉价格上涨幅度由 25.48% 减少到 1.99%。相对于 D2 情景,生猪强制扑杀补贴标准从 400 元/头增加到 1 400 元/头,猪肉供给增加量由 445 万吨上升到 1 424 万吨,增加幅度由 6.20% 上升到 19.85%;猪肉价格下跌幅度由 7.84% 增加到 25.10%。伴随着政策效果的逐渐增强,进行生猪和能繁母猪强制扑杀补贴政策的成本也由 628 亿元增加到 1 995 亿元。

表 7-4　全国统一的生猪强制扑杀补贴政策情景下猪肉供给变化

项目	参考情景	指标	模拟情景					
			E2-1	E2-2	E2-3	E2-4	E2-5	E2-6
供给量	基期	变化值（万吨）	−1 062	−862	−663	−465	−270	−83
		变化率（%）	−12.23	−9.93	−7.63	−5.35	−3.12	−0.95
	D2	变化值（万吨）	445	645	844	1 042	1 236	1 424
		变化率（%）	6.20	8.98	11.76	14.52	17.23	19.85
价格	基期	变化值（元/千克）	3.85	3.13	2.40	1.69	0.98	0.30
		变化率（%）	25.48	20.69	15.90	11.15	6.49	1.99
	D2	变化值（元/千克）	−1.61	−2.34	−3.06	−3.78	−4.48	−5.16
		变化率（%）	−7.84	−11.36	−14.88	−18.36	−21.79	−25.10
政策成本（亿元）			628	901	1 174	1 448	1 721	1 995

注:价格指的是活猪价格。

表 7-5 以 2017 年基期情景为参考情景,呈现了不同生猪强制扑杀补贴强度下我国分地区猪肉生产的变化情况。由表可知,在不同的生猪强制扑杀补贴强度下,我国不同地区猪肉产量变化存在差异。例如,山东和浙江的猪肉减产数量在六种情景中都随着补贴标准的提高而增加;四川的猪肉减产数量在情景 E2-1 至情景 E2-3 中随着补贴标准的提高而增加,在情景 E2-4 至情景 E2-6 中随着补贴标准的提高出现小幅减少;云南、贵州、安徽等地区的猪肉减产数量在六种情景中都随着补贴标准提高而减少;河南、湖南和湖北等地区猪肉产量随着补贴标准的提高,相对于基期由减少变成增加。根据以上分析,我国不同地区的猪肉产量在生猪强制扑

杀补贴强度逐步提高的六种情景中并未呈现简单的单调递增或单调递减关系，说明生猪强制扑杀补贴强度的提高对于国内每个地区猪肉生产的影响存在差异。由于模拟结果显示随着生猪强制扑杀补贴强度的提高，山东和四川猪肉产量的减少量并没有呈现明显的下降趋势，并且山东和四川猪肉产量下降占全国总产量下降的比重较大，因此本书后文考虑将生猪强制扑杀补贴政策的重心向除了山东和四川以外的地区（主要是河南、湖南和湖北等生猪养殖大省）倾斜，以考察实施地区差异化的生猪强制扑杀补贴政策是否能够在促进猪肉生产上发挥更好的效果。

表 7-5 全国统一的生猪强制扑杀补贴政策情景下的猪肉分地区产量变化

单位：万吨

地区	情景 E2-1	情景 E2-2	情景 E2-3	情景 E2-4	情景 E2-5	情景 E2-6
山东	-118	-129	-139	-149	-157	-161
四川	-126	-126	-127	-126	-123	-117
重庆	-38	-40	-41	-43	-44	-43
云南	-77	-70	-62	-55	-46	-36
浙江	-27	-28	-29	-30	-31	-32
贵州	-42	-40	-37	-35	-32	-28
安徽	-53	-48	-42	-36	-29	-21
江西	-60	-50	-40	-30	-19	-6
内蒙古	-21	-18	-14	-11	-8	-4
上海	-3	-3	-3	-3	-2	-2
西藏	0	0	0	0	0	0
北京	-3	-2	-1	0	1	2
宁夏	-1	0	0	1	1	2
天津	-3	-2	0	1	2	3
新疆	-6	-4	-2	0	2	4
青海	-1	0	1	2	3	4
海南	-6	-4	-1	1	3	6
湖南	-123	-98	-73	-48	-21	8
甘肃	-8	-4	0	4	7	10
吉林	-25	-17	-9	-1	7	14
福建	-21	-13	-5	3	10	15

（续）

地区	情景 E2-1	情景 E2-2	情景 E2-3	情景 E2-4	情景 E2-5	情景 E2-6
山西	−9	−4	1	6	11	16
陕西	−11	−3	4	9	14	18
广西	−46	−31	−16	−1	13	21
江苏	−36	−23	−11	2	14	23
湖北	−71	−50	−30	−9	13	28
辽宁	−38	−24	−10	5	18	29
广东	−49	−31	−14	4	23	36
黑龙江	−17	−3	11	21	32	42
河北	−39	−20	−1	19	35	51
河南	−74	−39	−4	29	56	85
全国	−1 153	−925	−696	−470	−248	−33

注：产量变化值参考的是 2017 年基期情景。

（3）地区差异化的生猪强制扑杀补贴政策分析

由于生猪强制扑杀补贴强度的提高对于国内每个地区猪肉生产的影响存在差异，本部分考虑制定地区差异化的生猪强制扑杀补贴政策并对政策效果进行评价。具体地，本部分选取全国统一的 800 元/头、1 000 元/头和 1 200 元/头的生猪强制扑杀补贴强度，并以不同程度向除了山东和四川之外的地区（主要是河南、湖南和湖北等生猪养殖大省）倾斜，在三种补贴强度下分别设置了四种情景（表 7-6）。具体来说，基于每个地区生猪强制扑杀统一补贴 800 元/头、1 000 元/头和 1 200 元/头的不同强度，分别设置了 E3、E4 和 E5 三种情景。在 E3、E4 和 E5 每类情景下又按照不同的政策倾斜程度设置了四种情景。情景 1 的生猪强制扑杀补贴政策没有考虑向部分地区倾斜，即实行全国统一的补贴标准；情景 2 将山东省和四川省的补贴标准降低 20%，降低部分用于增加其他地区的补贴标准；情景 3 将山东省和四川省的补贴标准降低 60%，降低部分用于增加其他地区的补贴标准；情景 4 完全取消山东省和四川省的生猪强制扑杀补贴，所有政策补贴预算全部用于其他地区。针对同一政策成本设置地区差异化的生猪强制扑杀补贴政策情景，可以评估同一种政策成本下不同倾斜程度的补贴政策的效果。同时，在不同政策成本下设置同一倾斜程度的地区差异化生猪强制扑杀补贴政策情景，可以衡量政策成本的提高会如何影响地区差异化补贴政策的效果。

表 7-6　地区差异化的生猪强制扑杀补贴政策情景设置

情景		描　　述
	1	对全国所有地区生猪强制扑杀补贴 800 元/头
	2	在 800 元/头的基础上减少 20%的山东省和四川省生猪强制扑杀补贴，用于提高其他地区生猪补贴标准
E3	3	在 800 元/头的基础上减少 60%的山东省和四川省生猪强制扑杀补贴，用于提高其他地区生猪补贴标准
	4	取消山东省和四川省 800 元/头的生猪强制扑杀补贴，用于提高其他地区生猪补贴标准
	1	对全国所有地区生猪强制扑杀补贴 1 000 元/头
	2	在 1 000 元/头的基础上减少 20%的山东省和四川省生猪强制扑杀补贴，用于提高其他地区生猪补贴标准
E4	3	在 1 000 元/头的基础上减少 60%的山东省和四川省生猪强制扑杀补贴，用于提高其他地区生猪补贴标准
	4	取消山东省和四川省 1 000 元/头的生猪强制扑杀补贴，用于提高其他地区生猪补贴标准
	1	对全国所有地区生猪强制扑杀补贴 1 200 元/头
	2	在 1 200 元/头的基础上减少 20%的山东省和四川省生猪强制扑杀补贴，用于提高其他地区生猪补贴标准
E5	3	在 1 200 元/头的基础上减少 60%的山东省和四川省生猪强制扑杀补贴，用于提高其他地区生猪补贴标准
	4	取消山东省和四川省 1 200 元/头的生猪强制扑杀补贴，用于提高其他地区生猪补贴标准

　　表 7-7 呈现了地区差异化的生猪强制扑杀补贴政策情景下猪肉供给变化情况。由表可知，实行地区差异化的生猪强制扑杀补贴政策相对于实行全国统一标准的生猪强制扑杀补贴政策更能够显著促进猪肉供给增加和猪肉价格下降，并且生猪强制扑杀补贴向除了山东省和四川省之外的地区（主要是河南、湖南和湖北等生猪养殖大省）倾斜的程度越大，政策效果也越好。同时，随着补贴政策成本的提高，同一倾斜程度的地区差异化生

猪强制扑杀补贴政策对猪肉供给增加和价格下降的促进作用会进一步加强。从具体数值上看，E3、E4 和 E5 三种由低到高不同的生猪强制扑杀补贴强度，政策成本分别为 1 174 亿元、1 448 亿元和 1 721 亿元。针对政策成本为 1 174 亿元的 E3 情景，在统一补贴标准、降低山东省和四川省20%的补贴标准、降低山东省和四川省60%的补贴标准和取消山东省和四川省生猪强制扑杀补贴的四种情景下：相对于基期，猪肉供给分别减少7.63%、7.04%、6.08% 和 5.47%，价格分别增加 15.90%、14.66%、12.67%和 11.40%；相对于 D2 情景，猪肉供给分别增加 11.76%、12.48%、13.64% 和 14.38%，价格分别减少 14.88%、15.79%、17.25%和 18.18%。针对政策成本为 1 448 亿元的 E4 情景，在四种情景下：相对于基期，猪肉供给分别减少 5.35%、4.69%、3.79%和 3.01%，价格分别增加 11.15%、9.76%、7.89%和 6.28%；相对于 D2 情景，猪肉供给分别增加 14.52%、15.33%、16.42%和 17.35%，价格分别减少18.36%、19.39%、20.76%和 21.94%。针对政策成本为 1 721 亿元的E5 情景，在四种情景下：相对于基期，猪肉供给分别减少 3.12%、2.44%、1.53% 和 0.56%，价格分别增加 6.49%、5.08%、3.18% 和1.16%；相对于 D2 情景，猪肉供给分别增加 17.23%、18.05%、19.15% 和 20.33%，价格分别减少 21.79%、22.83%、24.22% 和25.70%。综合以上结果，在 1 174 亿元政策成本支出的最优补贴方案下，猪肉供给相对于基期减少 5.47%，价格上升 11.40%。在 1 448 亿元政策成本支出的最优补贴方案下，猪肉供给相对于基期减少 3.01%，价格上升 6.28%。在 1 721 亿元政策成本支出的最优方案下，猪肉供给相对于基期减少 0.56%，价格上升 1.16%。因此，政策成本每增加 274 亿元左右，猪肉供给增加 2.46%左右，价格下降 5.12%左右。

（4）政策可行性、效果与成本分析

为了实现将中风险叠加"黑天鹅"事件冲击下猪肉价格上升幅度控制在既定范围内的政策目标，本部分将基于前文所探讨出来的最优地区差异化的非洲猪瘟强制扑杀补贴政策，设置具体模拟情景，分析非洲猪瘟强制扑杀补贴政策的可行性、效果及成本。具体的模拟情景设置说明如下：将猪肉价格上升幅度限定为既定范围内的最高水平，设定不同的非洲猪瘟强制扑杀补贴强度，并将补贴全部用于国内除了山东省和四川省以外的地区（主要是河南、湖南和湖北等生猪养殖大省）。借助 GT‐CASM 模型对上述情景进行模拟分析，结果显示，在限定猪肉价格在中风险叠加"黑天鹅"事件下上升不超过既定范围的前提下，非洲猪瘟强制扑杀补贴政策的成本约为 1 515 亿元。因此，若要实现将中风险叠加"黑天鹅"事件冲击下猪肉价格上升幅度控制在既定范围内的政策目标，实行非洲猪瘟强制扑杀补贴政策需要付出的政策成本至少为 1 515 亿元，比现行的非洲猪瘟强制扑杀补贴平均政策成本 1 174 亿元高出 341 亿元左右。

表 7‐7　地区差异化的生猪强制扑杀补贴政策情景下的猪肉供给变化

模拟情景	项目	参考情景	指标	1 统一标准	2 山东、四川降低 20%	3 山东、四川降低 60%	4 山东、四川降低为 0
E3	供给量	基期	变化值（万吨）	−663	−611	−528	−475
			变化率（%）	−7.63	−7.04	−6.08	−5.47
		D2	变化值（万吨）	844	896	979	1 032
			变化率（%）	11.76	12.48	13.64	14.38
	价格	基期	变化值（元/千克）	2.40	2.22	1.91	1.72
			变化率（%）	15.90	14.66	12.67	11.40
		D2	变化值（元/千克）	−3.06	−3.25	−3.55	−3.74
			变化率（%）	−14.88	−15.79	−17.25	−18.18
	政策成本（亿元）			1 174	1 174	1 174	1 174
E4	供给量	基期	变化值（万吨）	−465	−407	−329	−262
			变化率（%）	−5.35	−4.69	−3.79	−3.01
		D2	变化值（万吨）	1 042	1 100	1 178	1 245
			变化率（%）	14.52	15.33	16.42	17.35
	价格	基期	变化值（元/千克）	1.69	1.48	1.19	0.95
			变化率（%）	11.15	9.76	7.89	6.28
		D2	变化值（元/千克）	−3.78	−3.99	−4.27	−4.51
			变化率（%）	−18.36	−19.39	−20.76	−21.94
	政策成本（亿元）			1 448	1 448	1 448	1 448

（续）

模拟情景	项目	参考情景	指标	1 统一标准	2 山东、四川降低20%	3 山东、四川降低60%	4 山东、四川降低为0
E5	供给量	基期	变化值（万吨）	−270	−212	−132	−48
			变化率（%）	−3.12	−2.44	−1.53	−0.56
		D2	变化值（万吨）	1 236	1 295	1 374	1 459
			变化率（%）	17.23	18.05	19.15	20.33
	价格	基期	变化值（元/千克）	0.98	0.77	0.48	0.18
			变化率（%）	6.49	5.08	3.18	1.16
		D2	变化值（元/千克）	−4.48	−4.70	−4.98	−5.29
			变化率（%）	−21.79	−22.83	−24.22	−25.70
	政策成本（亿元）			1 721	1 721	1 721	1 721

注：价格指的是活猪价格。

7.1.2 调整大豆生产者补贴政策

为了保障国内生猪的生产，在中美经贸摩擦和新冠肺炎疫情背景下关注大豆饲料原料的供给也尤为重要。根据第6章的研究结论，中美经贸摩擦和新冠肺炎疫情没有造成我国猪肉供给显著下降和价格显著增加，原因之一在于国际市场大豆的减少一定程度上可以由国产大豆产量的增加进行补充。因此，本研究有必要讨论是否可以通过调整我国现有的大豆生产者补贴政策促进我国大豆增产，从而实现将中风险叠加"黑天鹅"事件冲击下猪肉价格上升幅度控制在既定范围内的政策目标。

（1）政策可行性分析

2017年我国开始在辽宁、吉林、黑龙江和内蒙古四个地区实行大豆和玉米生产者补贴政策。现有研究表明，生产者补贴政策可以在一定程度上引导农户增种大豆，但补贴政策具有一定的局限性。首先，若要进一步促进大豆生产，需持续提高大豆生产者补贴标准（田聪颖和肖海峰，2018a；2018b）。其次，考虑到WTO黄箱支持水平的限制，目前大豆生产者补贴政策的补贴水平具有很大的"破箱"压力，未来政策改革的总体思路是减少补贴总量（耿仲钟和肖海峰，2018）。因此，本研究从两个角度提供政策调整的方向，分别是提高大豆生产者补贴标准和调整大豆生产者补贴方式。值得注意的是，本研究在调整大豆生产者补贴政策时也将玉米生产者补贴政策的同步调整考虑在内，主要有两个方面的原因：一方面，现行的大豆和玉米生产者补贴政策同时实行且两项补贴之间存在很强的协同性，属于同一项政府财政支出；另一方面，玉米是重要的畜禽生产能量饲料，且玉米和大豆生产在土地上存在很强的竞争关系，因此在尝试通过促进大豆生产实现猪肉增产的同时也必须权衡玉米减产对于猪肉生产的不利影响。

在提高大豆生产者补贴标准方面，本研究考虑在 2017 年大豆和玉米生产者补贴总额不变的情况下减少玉米生产者补贴，增加大豆生产者补贴，这也是大豆和玉米生产者补贴政策实行以来政策调整的方向。关于补贴标准数据的获取，根据黑龙江省财政厅发布的通知，黑龙江大豆和玉米生产补贴标准全省统一，2017 年大豆补贴标准为 173.46 元/亩，玉米为 133.46 元/亩。辽宁、吉林、内蒙古以县为单位，根据市对县核定下达的当年补贴资金额度，依据县农业部门提供的全县补贴面积来确定全县统一补贴标准，导致县和县之间的补贴标准可能存在差异。由于县级层面的补贴标准数据获取难度较大，因此辽宁、吉林、内蒙古的大豆和玉米生产者补贴标准用能够在新闻报道中收集到的部分地区的补贴水平取平均数进行代替。其中，2017 年辽宁的大豆和玉米生产者补贴标准用葫芦岛市的补贴标准代替，分别为 207.78 元/亩和 156.64 元/亩[1]。吉林的大豆和玉米生产者补贴标准用敦化市和公主岭市的平均补贴标准代替，分别为 215.79 元/亩和 149.09 元/亩[2]。内蒙古大豆补贴标准用呼伦贝尔市的补贴标准代替，为 150 元/亩[3]；玉米补贴标准用通辽市科尔沁左翼后旗的补贴标准代替，为 120.15 元/亩[4]。

---

① 资料来源：http://liaoning.nen.com.cn/system/2017/11/10/020181990.shtml。
② 资料来源：https://m.sohu.com/a/202638312_303286。
③ 资料来源：https://finance.ifeng.com/c/7d2SILHTzP9。
④ 资料来源：https://m.sohu.com/a/212907925_709084。

在调整大豆生产者补贴方式方面，本研究将讨论将 2017 年按照播种面积进行补贴的大豆生产者补贴政策分别调整为按照单产进行补贴和按照生产成本进行补贴的政策。技术上，针对按照单产进行补贴的大豆生产者政策，通过 2017 年所有试点地区的大豆生产者补贴总额和大豆总产量计算每单位产量的平均补贴额，再将每单位产量的平均补贴额除以每个试点地区大豆单位面积产量，即可得到每个试点地区按照单产补贴的每单位面积大豆的补贴标准。同样地，针对按照生产成本进行补贴的政策，通过 2017 年所有试点地区的大豆生产者补贴总额和大豆总成本计算每单位生产成本的平均补贴额，用每单位生产成本的平均补贴额除以每个试点地区大豆单位面积生产成本，即可得到每个试点地区按照生产成本补贴的每单位面积大豆的补贴标准。

为了实现将中风险叠加"黑天鹅"事件冲击下猪肉价格上升幅度控制在既定范围内的政策目标，本部分首先就增加大豆生产者补贴这一政策调整的思路，将猪肉价格上升幅度限定为既定范围内的最高水平，设置不同的补贴总额度，并将大豆和玉米生产者补贴额度占总额度的比重设置为内生变量，对 GT-CASM 模型进行求解。结果发现，在不同补贴强度以及不同大豆生产者补贴倾斜程度下，GT-CASM 模型均无法得到可行解。即使在不对玉米进行补贴并将大豆生产者补贴总额增加到与非洲猪瘟强制扑杀补贴政策总额相同的 1 721 亿元的极端情况下，模型也无法得到可行解。这说明调整大豆生产者补贴标准的应对政策无法达到将中风险叠加"黑天鹅"事件冲击下猪肉价格上升幅度控制在既定范围内的政策目标，因此不具有可行性。其次，本部分就大豆生产者补贴方式调整的思路，将猪肉价格上升幅度限定为既定范围内的最高水平，设置与非洲猪瘟强制扑杀补贴政策相同的补贴总额度，并将补贴方式调整为按照单产和生产成本进行补贴，对 GT-CASM 模型进行求解。结果发现，在不同的补贴强度下，无论是按照单产进行补贴还是按照生产成本进行补贴，GT-CASM 模型均无法得到可行解。这说明调整大豆生产者补贴方式的应对政策同样无法将中风险叠加"黑天鹅"事件冲击下猪肉价格上升幅度控制在既定范围内，因此不具有可行性。因此，调整大豆生产者补贴政策对于实现将中风险叠加"黑天鹅"事件冲击下猪肉价格上升幅度控制在既定范围内的目标来说不具有可行性。

（2）政策效果与成本分析

虽然大豆生产者补贴政策调整对于实现将中风险叠加"黑天鹅"事件冲击下猪肉价格上升幅度控制在既定范围内的目标来说不具有可行性，但是仍然有必要对大豆生产者补贴政策调整的效果进行量化评估，以充实"黑天鹅"事件背景下猪肉供给风险的政策选项。对于提高大豆生产者补贴的政策调整，本研究首先考虑在 2017 年补贴总额不变的情况下减少50%的玉米生产者补贴，用于增加大豆生产者补贴，据此设置情景 F1；其次考虑完全取消玉米生产者补贴，全部用于增加大豆生产者补贴，据此设置情景 F2。对于改变大豆生产者补贴方式的政策调整，本研究设置情景 F3 和情景 F4 分别就按照单产和生产成本进行补贴的方式对于促进大豆和猪肉生产的作用进行模拟分析。另外，为了与非洲猪瘟强制扑杀补贴政策的效果进行比较，本研究设置了情景 F5，令大豆补贴总额度与非洲猪瘟强制扑杀补贴政策的 1 721 亿元政策成本相等。综合以上分析，本研究模拟情景设置见表 7-8。

表 7-8　调整大豆生产者补贴政策情景设置

情景	描　　述
F1	减少 50%的玉米生产者补贴，用于增加大豆生产者补贴
F2	取消玉米生产者补贴，用于增加大豆生产者补贴
F3	实行按照单产补贴的大豆生产者补贴政策
F4	实行按照生产成本补贴的大豆生产者补贴政策
F5	将补贴额度增加至 1 721 亿元，且全部用于大豆生产者补贴

通过表 7-9 可知，在中风险叠加"黑天鹅"事件背景下，提高大豆生产者补贴标准能够促进猪肉供给增加和价格降低，但作用非常小；调整大豆生产者补贴方式对于促进猪肉供给和降低猪肉价格基本没有作用。就提高大豆生产者补贴标准的政策效果而言：与中风险叠加"黑天鹅"事件的 D2 情景相比较，在政策成本相同但大豆补贴标准不同的情景 F1 和 F2 中，我国猪肉总供给分别增加 0.06% 和 0.12%，猪肉价格分别下降0.08% 和 0.15%；相较于 2017 年基期情景，在中风险"黑天鹅"事件冲

击下，情景 F1 和 F2 中猪肉供给下降幅度仍高达 17.30％和 17.26％，价格上涨幅度仍高达 36.05％和 35.95％。就调整大豆生产者补贴方式来说，其在中风险"叠加"黑天鹅事件冲击下基本没有发挥任何作用：相较于 D2 情景，情景 F3 和情景 F4 中猪肉供给和价格变化均为 0；相较于 2017 年基期，猪肉供给下降幅度和价格上升幅度与情景 D2 的模拟结果基本没有区别。而在将大豆生产者补贴总额增加至 1 721 亿元的极端情景下：相对于 D2 情景，猪肉供给也仅增加了 0.17％，价格仅下降了 0.22％；相对于 2017 年基期，在中风险叠加"黑天鹅"事件的冲击下，猪肉供给下降仍然高达 17.21％，价格上升仍然高达 35.86％。因此，在相同的政策成本下，大豆生产者补贴政策对于促进中风险叠加"黑天鹅"事件冲击下猪肉供给增加和价格下降的效果远不及非洲猪瘟强制扑杀补贴政策。

表 7-9 大豆生产者补贴政策调整情景下的猪肉供给变化

项目	参考情景	指标	模拟情景				
			F1	F2	F3	F4	F5
供给量	基期	变化值（万吨）	−1 503	−1 498	−1 507	−1 507	−1 494
		变化率（％）	−17.30	−17.26	−17.35	−17.35	−17.21
	D2	变化值（万吨）	4	8	0	0	13
		变化率（％）	0.06	0.12	0.00	0.00	0.17
价格	基期	变化值（元/千克）	5.45	5.43	5.46	5.46	5.42
		变化率（％）	36.05	35.95	36.16	36.16	35.86
	D2	变化值（元/千克）	−0.02	−0.03	0.00	0.00	−0.05
		变化率（％）	−0.08	−0.15	0.00	0.00	−0.22
政策成本（亿元）			456	456	456	456	1 721

注：价格指的是活猪价格。

为了厘清大豆生产者补贴政策对促进猪肉供给发挥作用很小的原因，需要同时对饲用大豆的供给变化进行分析。由于在 F3 和 F4 情景下，大豆供给基本没有发生变化，因此不在表 7-10 中列出。根据表 7-10，相对于 D2 情景，情景 F1 中：非转基因大豆供给增加 214 万吨，价格下降 4.64％；转基因大豆供给减少 206 万吨，价格下降 1.56％。情景 F2 中：非转基因大豆供给增加 405 万吨，价格下降 8.78％；转基因大豆供给减

少 387 万吨，价格下降 2.93%。情景 F5 中：非转基因大豆供给增加
1 634 万吨，价格下降 35.42%；转基因大豆供给减少 586 万吨，价格下
降 4.43%。对于情景 F1 和 F2 来说，由于非转基因大豆供给增加的同时
转基因大豆也在以相近的绝对量下降，因此大豆生产者补贴标准增加并不
会带来饲用大豆总供给的明显增加，从而不能有效缓解"黑天鹅"事件冲
击下我国猪肉供给不足和价格过高的问题。对于情景 F5，非转基因大豆
供给的增加量远超过转基因大豆供给的减少量，但是猪肉供给仍然不会明
显增加。原因在于大豆产量的剧烈增加会引起玉米产量同步剧烈下降，导
致猪肉生产所需的玉米原料供给减少和价格上涨，一定程度抑制了国内猪
肉生产的增加。从数值上看，玉米产量在三种情景下分别下降 497 万吨、
958 万吨和 1 951 万吨。综合以上，提高大豆生产者补贴标准虽然能够有
效促进国内大豆生产，但是并不能带来中风险叠加"黑天鹅"事件冲击下
猪肉供给的显著增加和价格的显著下降。

表 7-10　大豆生产者补贴政策调整情景下的大豆供给变化

产品	模拟情景	产量		进口量		供给量		价格	
		变化值（万吨）	变化率（%）	变化值（万吨）	变化率（%）	变化值（万吨）	变化率（%）	变化值（元/千克）	变化率（%）
非转基因大豆	F1	245	13.46	−30	−53.99	214	11.42	−0.19	−4.64
	F2	451	24.82	−46	−81.09	405	21.62	−0.36	−8.78
	F5	1 691	93.04	−56	−100.00	1 634	87.22	−1.43	−35.42
转基因大豆	F1			−206	−2.60	−206	−2.60	−0.05	−1.56
	F2			−387	−4.90	−387	−4.90	−0.10	−2.93
	F5			−586	−7.42	−586	−7.42	−0.15	−4.43

注：变化值和变化率的参考情景均为情景 D2。

7.1.3　优化畜禽饲料配方

（1）政策可行性分析

随着科学研究的不断深入，特别是低蛋白日粮配制技术的发展，在合
理添加合成氨基酸和酶制剂的前提下，配合饲料中粗蛋白和磷的水平可以
显著降低。中国饲料工业协会于 2018 年 10 月批准发布了《仔猪、生长育

肥猪配合饲料》(T/CFIAS 001—2018)和《蛋鸡、肉鸡配合饲料》(T/CFIAS 002—2018)两项团体标准(后文简称为两项团体标准)。在这两项新团体标准执行之前,我国在猪和鸡饲养方面执行的是 2008 年发布的《仔猪、生长育肥猪配合饲料》(GB/T 5915—2008)和《产蛋后备鸡、产蛋鸡、肉用仔鸡配合饲料》(GB/T 5916—2008)两个国家推荐标准。与 2008 年发布的国家推荐标准相比,两项团体标准增设了粗蛋白质、总磷上限值,下调了部分指标的下限值,增加了限制性氨基酸品种。中国饲料工业协会指出,两项团体标准的指标设置完全可以满足养殖动物生长需求,不会降低生产性能和产品品质,也不会影响畜禽产品的生产周期。根据中国饲料工业协会测算,若全面推行两项饲料团体标准,猪配合饲料平均蛋白水平下调 1.5 个百分点,蛋鸡和肉鸡配合饲料蛋白水平将降低约 1 个百分点。由于我国大部分饲料厂主要使用二级豆粕生产配合饲料,且二级豆粕的蛋白质含量约为 43%,根据配合饲料平均蛋白水平下降比例,猪配合饲料豆粕用量可下调约 3.5%,蛋鸡和肉鸡配合饲料豆粕用量可下调约 2.3%。按照朴荆(2010)研究中非转基因和转基因大豆的出粕率分别为 83% 和 79.5% 计算,非转基因和转基因大豆在猪配合饲料中的消耗量将分别下降约 4.2% 和 4.4%,在蛋鸡以及肉鸡配合饲料中的消耗量将分别减少约 2.8% 和 2.9%。因此,两项团体标准的出台将在不影响畜禽生产的同时有效减少畜禽生产对于饲用大豆的需求量。然而,由于两项配合饲料新规是以团体标准的形式发布,属于由社会自愿采用的标准,不具有强制性,因此两项团体标准能否达成中国饲料工业协会测算的预期结果从而大幅减少饲料行业的豆粕需求量,目前无法确定。

为了考察两项团体标准的推行对于实现将中风险叠加"黑天鹅"事件冲击下猪肉价格上升幅度控制在既定范围内的政策目标是否具有可行性,本部分将猪肉价格上升幅度限定为既定范围内的最高水平,并假设两项团体标准在全国范围内均被采用,借助 GT-CASM 模型进行情景模拟,结果模型无法得到可行解。因此,两项团体标准的全面推行对于实现将中风险叠加"黑天鹅"事件冲击下猪肉价格上升幅度控制在既定范围内的目标来说不具有可行性。

（2）政策效果分析

虽然通过推行两项团体标准优化畜禽饲料配方对于将中风险叠加"黑天鹅"事件冲击下猪肉价格上升幅度控制在既定范围内不具备可行性，但是仍然不能忽视这项政策对于缓解猪肉供给不足和价格过高的作用。基于此，本研究根据两项团体标准的不同采用率设置表7-11中的情景，以分析两项团体标准对增加猪肉供给和降低猪肉价格的效果。其中，情景G1假设两项团体标准的采用率为50%，即非转基因和转基因大豆在猪配合饲料中的用量将分别下降约2.1%和2.2%，在肉鸡和蛋鸡配合饲料中的用量将分别下降约1.4%和1.45%。情景G2假设两项团体标准被全面采用，即非转基因和转基因大豆在猪配合饲料中的消耗量将分别下降约4.2%和4.4%，在蛋鸡以及肉鸡配合饲料中的消耗量将分别减少约2.8%和2.9%。

表7-11　优化畜禽饲料配方情景设置

情景	描　述
G1	两项团体标准采用率为50%
G2	两项团体标准被全面采用

表7-12的模拟结果显示，对两项团体标准的采用能够在较小程度上缓解中风险叠加"黑天鹅"事件下猪肉供给不足和价格过高问题。在两项团体标准采用率为50%和100%时：相对于中风险叠加"黑天鹅"事件的D2情景，猪肉供给量分别增加0.03%和0.06%，价格分别减少0.04%和0.08%；然而，相对于基期情景，猪肉供给量减少幅度仍然达到了17.33%和17.30%，价格上升幅度仍然达到了36.10%和36.05%。

表7-12　优化畜禽饲料配方情景下的猪肉供给变化

项目	参考情景	指标	模拟情景	
			G1	G2
供给量	基期	变化值（万吨）	−1 505	−1 503
		变化率（%）	−17.33	−17.30
	D2	变化值（万吨）	2	4
		变化率（%）	0.03	0.06

（续）

项目	参考情景	指标	模拟情景	
			G1	G2
价格	基期	变化值（元/千克）	5.46	5.45
		变化率（%）	36.10	36.05
	D2	变化值（元/千克）	−0.01	−0.02
		变化率（%）	−0.04	−0.08

注：价格指的是活猪价格。

7.2 国际对策分析

7.2.1 调整猪肉进口关税政策

（1）政策可行性分析

为了考察调整猪肉进口关税是否能够实现将中风险叠加"黑天鹅"事件冲击下猪肉价格上升幅度控制在既定范围内的目标，本部分首先假设我国对所有国家猪肉取消征收进口关税，并将猪肉价格上涨幅度限定在既定范围内的最高水平上，对 GT - CASM 模型进行求解。结果表明在以上情景设定下，GT - CASM 模型无法得到可行解。因此，调整猪肉进口关税对于实现将中风险叠加"黑天鹅"事件冲击下猪肉价格上升幅度控制在既定范围内的政策目标不具有可行性。

（2）政策效果分析

尽管通过猪肉进口关税调整无法实现将中风险叠加"黑天鹅"事件冲击下猪肉价格上升幅度控制在既定范围内的政策目标，但仍有必要对猪肉进口关税带来的政策效果进行评估，以充实应对"黑天鹅"事件的可能政策选项。本部分基于"黑天鹅"事件发生后猪肉进口关税调整的现状以及未来调整的可能方向，对各项关税政策调整的效果进行量化分析。首先，由于国务院关税税则委员会宣布自 2020 年 1 月 1 日起将冻猪肉进口关税从 12% 下调至 8%，结合中美经贸摩擦走向未知的现实情况，本研究设置情景 H1 分析按照 8% 的暂定税率对除美国之外地区的猪肉征收进口关税会多大程度上减轻我国猪肉供给的下降和价格的上涨。其次，为了确保我国猪肉供给安全，在风险程度较高时可考虑取消对美国猪肉加征关税，并同样征收8%的进口暂定税率，据此设置情景 H2。最后，本研究考虑同时对所有国家猪肉取消征收进口关税，用来衡量在叠加"黑天鹅"事件冲击下通过增加国际市场猪肉进口带来的我国猪肉供给增加空间有多大，据此设置情景 H3。综上，具体的模拟情景设置见表 7-13。

表 7-13　猪肉进口关税政策调整情景设置

情景	描　述
H1	对除美国之外的国家猪肉征收 8% 的暂定进口关税
H2	对所有国家猪肉征收 8% 的暂定进口关税
H3	对所有国家猪肉取消征收进口关税

　　根据表 7-14 的模拟结果，调低或取消猪肉进口关税都会起到提高猪肉供给和稳定猪肉价格的作用，但是作用非常小。根据表 7-14，在中风险叠加"黑天鹅"事件冲击下，若对除美国之外国家猪肉征收的进口关税从 12% 降为 8%：相对于中风险叠加"黑天鹅"事件 D2 情景，我国猪肉供给增加 11 万吨，增幅为 0.16%，价格下降 0.20%；相对于 2017 年基期情景，猪肉供给下降 1 496 万吨，降幅为 17.23%，猪肉价格上涨 35.89%。进一步将对美国猪肉征收的进口关税也下调至 8% 时，猪肉供给进一步增加，价格进一步减少。当对所有国家猪肉取消征收进口关税时：相对于情景 D2，猪肉供给增加 0.83%，价格下降 1.05%；相对于 2017 年基期情景，猪肉供给仍会下降 16.67%，价格仍会上升 34.72%。因此，从国际市场进口能够小幅补充我国猪肉供给不足，但是作用有限。

表 7-14　猪肉进口关税政策调整下的猪肉供给变化

项目	参考情景	指标	模拟情景		
			H1	H2	H3
供给量	基期	变化值（万吨）	−1 496	−1 476	−1 447
		变化率（%）	−17.23	−17.00	−16.67
	D2	变化值（万吨）	11	31	60
		变化率（%）	0.16	0.44	0.83

（续）

项目	参考情景	指标	模拟情景		
			H1	H2	H3
价格	基期	变化值（元/千克）	5.42	5.35	5.25
		变化率（%）	35.89	35.41	34.72
	D2	变化值（元/千克）	−0.04	−0.11	−0.22
		变化率（%）	−0.20	−0.55	−1.05

注：价格指的是活猪价格。

从猪肉进口格局的变化来看（图 7-1），在中风险叠加"黑天鹅"事件冲击下，当将对除美国之外的国家猪肉征收的进口关税从 12% 降为 8% 时（情景 H1），相较于 D2 情景，猪肉进口增加约 22 万吨，其中从欧盟进口增加约 17 万吨。当对包括美国在内的所有国家征收的猪肉进口关税都降为 8% 时（情景 H2），相较于 D2 情景，我国猪肉进口增加 61 万吨左右，其中从美国进口增加最多，达到近 49 万吨，从欧盟进口增加约 11 万吨。当对所有国家猪肉取消征收进口关税时（情景 H3），相较于 D2 情景，我国猪肉进口增加约 117 万吨，其中从美国进口增加 59 万吨左右，从欧盟进口增加 44 万吨左右。需要说明的是，尽管在三种情景下，我国猪肉进口增加分别达到 22 万吨、61 万吨和 117 万吨，但是我国猪肉总供给量却只分别增加了 11 万吨、31 万吨和 60 万吨（表 7-14），原因在于从国际市场进口猪肉增加会导致国内猪肉产量小幅下降，在三种情景下分别下降 11 万吨、30 万吨和 57 万吨。

7.2.2 调整大豆进口关税政策

（1）政策可行性分析

本部分考虑通过增加国际市场大豆供给来降低猪肉生产成本，进而刺激猪肉生产。为了考察调整大豆进口关税是否能够实现将中风险叠加"黑天鹅"事件冲击下猪肉价格上升幅度控制在既定范围内的政策目标，本部分首先假设我国对所有国家大豆取消征收进口关税，并将猪肉价格上涨幅度限定在既定范围内的最高水平上，对 GT-CASM 模型进行求解。结果

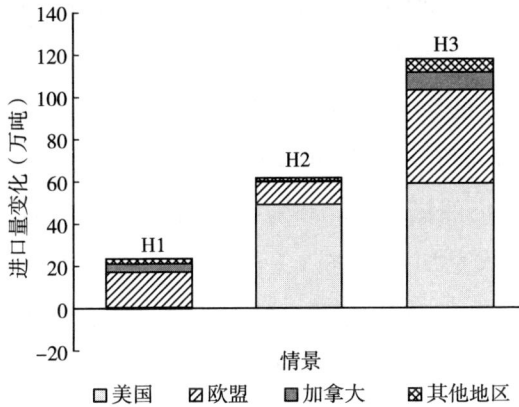

图 7-1　猪肉进口关税政策调整下的猪肉进口格局变化

注：参考情景为情景 D2。

表明在以上情景设定下，GT-CASM 模型无法得到可行解。因此，调整大豆进口关税对于实现将中风险叠加"黑天鹅"事件冲击下猪肉价格上升幅度控制在既定范围内的政策目标不具备可行性。即使完全取消大豆进口关税，也不能实现使猪肉价格相对于基期增加不超过 5% 的政策目标。

（2）政策效果分析

在分析调整大豆进口关税对于实现将中风险叠加"黑天鹅"事件冲击下猪肉价格上升幅度控制在既定范围内的政策目标的可行性的基础之上，本部分进一步对调整大豆进口关税的政策效果进行量化评估。首先，在中美经贸摩擦未来走向暂不明确的情况下，本研究考虑将取消对除美国之外国家大豆征收的原定 3% 的进口关税来促进我国大豆进口的增加设置为情景 I1。其次，"黑天鹅"事件造成了国际市场大豆超额供给的大幅下降，我国大豆进口空间被严重压缩，而美国是我国最重要的大豆进口国之一。因此，为了保证国内的猪肉生产，在必要的时候可以考虑通过进一步取消对美国大豆加征的进口关税来改善我国大豆供给不足和饲料成本增加的状况，基于此，设置情景 I2。最后，情景 I3 假设对所有国家大豆取消征收进口关税，评估在中风险叠加"黑天鹅"事件冲击下通过增加国际市场大豆进口带来的我国猪肉供给增加空间有多大。具体情景设置见表 7-15。

根据表 7-16，取消大豆进口关税和取消对美国大豆加征的进口关税均能在一定程度上增加我国猪肉供给和降低猪肉价格，但效果很微弱。在中风险叠加"黑天鹅"事件冲击下，相对于 D2 情景，取消对除美国之外所有国家大豆征收的进口关税（情景 I1）能够使猪肉供给增加 7 万吨，增幅约为 0.09%，猪肉价格下降约 0.12%。但是，相对于 2017 年基期情景，猪肉供给降幅仍然高达 17.28%，猪肉价格增幅仍然高达 36.00%。进一步取消对美国大豆加征的进口关税（情景 I2），可以一定程度上改善猪肉供给不足和价格过高的情况，相对于 2017 年基期，猪肉供给减少 17.19%，猪肉价格上涨 35.81%。在同时对所有国家大豆取消征收进口关税的极端情况下（情景 I3），相对于 2017 年基期情景，猪肉供给减少幅度仍然高达 17.17%，猪肉价格增幅仍然高达 35.76%。因此，取消大豆进口关税所带来的猪肉供给增加和价格下降空间有限。

表 7-15　大豆进口关税政策调整情景设置

情景	描　　述
I1	取消对除美国之外国家大豆征收的进口关税
I2	取消对除美国之外国家大豆征收的进口关税，并取消对美国大豆加征的进口关税
I3	对所有国家大豆取消征收进口关税

表 7-16　大豆进口关税政策调整下的猪肉供给变化

项目	参考情景	指标	模拟情景		
			I1	I2	I3
供给量	基期	变化值（万吨）	−1 500	−1 493	−1 491
		变化率（%）	−17.28	−17.19	−17.17
	D2	变化值（万吨）	7	14	16
		变化率（%）	0.09	0.20	0.23
价格	基期	变化值（元/千克）	5.44	5.41	5.40
		变化率（%）	36.00	35.81	35.76
	D2	变化值（元/千克）	−0.02	−0.05	−0.06
		变化率（%）	−0.12	−0.25	−0.29

注：价格指的是活猪价格。

从大豆本身的供给变化方面来看（表 7-17），取消大豆进口关税能够有效促进转基因大豆进口，其中取消对美国大豆加征的进口关税对增加大豆进口的效果更明显。与中风险叠加"黑天鹅"事件情景相比较，在取消对除美国之外国家大豆征收的进口关税的情景 I1 中，非转基因大豆供给减少 39 万吨，转基因大豆供给增加 68 万吨。进一步取消对美国大豆加征的进口关税后（情景 I2），非转基因大豆供给减少 80 万吨，转基因大豆供给大幅增加至 322 万吨。相较于情景 I2，若进一步取消中美经贸摩擦之前我国对美国大豆征收的 3% 的进口关税，会带来转基因大豆供给的进一步小幅增加和价格的小幅下降。在三种情景下，非转基因大豆和转基因大豆的价格都出现了明显下降。因此，调减或取消大豆进口关税能够降低饲用大豆价格，带来猪肉生产成本的下降，从而有利于国内猪肉供给增加和价格降低。

表 7 - 17　大豆进口关税政策调整下的大豆供给变化

产品	模拟情景	产量		进口量		供给量		价格	
		变化值（万吨）	变化率（%）	变化值（万吨）	变化率（%）	变化值（万吨）	变化率（%）	变化值（元/千克）	变化率（%）
非转基因大豆	I1	−42	−2.29	3	4.46	−39	−2.08	−0.13	−3.17
	I2	−75	−4.12	−5	−8.99	−80	−4.27	−0.26	−6.50
	I3	−75	−4.12	−5	−8.99	−80	−4.27	−0.26	−6.50
转基因大豆	I1			68	0.86	68	0.86	−0.03	−0.85
	I2			322	4.08	322	4.08	−0.11	−3.38
	I3			337	4.26	337	4.26	−0.13	−3.86

注：变化值和变化率的参考情景均为情景 D2。

图 7 - 2 描绘了大豆进口关税调整下的转基因大豆进口格局变化情况。由于非转基因大豆进口量在大豆进口关税调整下的变化不大，因此不对非转基因大豆进口格局的变化做详细分析。由图 7 - 2 可知，在中风险叠加"黑天鹅"事件冲击下，相对于 D2 基期情景：若取消对除美国之外所有国家大豆征收的进口关税，则对巴西大豆进口增加约 154 万吨，对美国大豆进口会减少近 59 万吨；若取消对除美国之外所有国家大豆征收的进口关税和对美国大豆加征的进口关税，则对美国大豆进口出现明显增加，增加量达到 628 万吨左右，对巴西大豆进口减少约 193 万吨；若对所有国家

大豆取消征收进口关税，对美国大豆进口会进一步增加，对其他国家大豆进口会进一步减少，其中对美国大豆进口增加高达 1 754 万吨左右，对巴西大豆进口减少约 906 万吨，对阿根廷大豆进口减少约 71 万吨。由此可知，在中风险叠加"黑天鹅"事件冲击下，调减或取消对美国大豆征收的进口关税会导致我国对美国转基因大豆进口显著增加，对巴西和其他国家大豆的进口相应减少，总进口量和价格变化有限，从而对于促进国内猪肉生产的作用也有限。

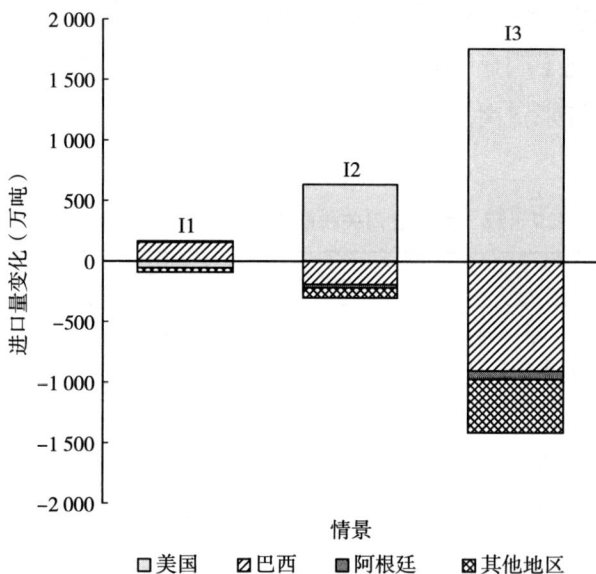

图 7-2　大豆进口关税政策调整下的转基因大豆进口格局变化

注：参考情景为情景 D2。

7.3　本章小结

　　基于"黑天鹅"事件叠加发生背景，本章提供了调整非洲猪瘟强制扑杀补贴政策、调整大豆生产者补贴政策以及优化畜禽饲料配方的国内应对政策选项，以及调整猪肉和大豆的进口关税的国际应对政策选项，就同一政策目标下各项政策的可行性进行探讨，并进一步分析政策的效果和成本，主要结论如下：

①调整非洲猪瘟强制扑杀补贴政策能够较好地实现将叠加"黑天鹅"事件冲击下猪肉价格上升幅度控制在既定范围内的政策目标,需要支付的政策成本比现行的非洲猪瘟强制扑杀补贴政策高出341亿元左右。具体来说,提高生猪强制扑杀补贴标准和提高能繁母猪强制扑杀补贴标准均能够有效促进生猪生产,从而增加猪肉供给和稳定价格。在政策成本相同的情况下,对生猪进行强制扑杀补贴相较于对能繁母猪进行强制扑杀补贴效果更强。同时,相较于全国统一标准的生猪强制扑杀补贴政策,地区差异化的生猪强制扑杀补贴政策对于促进猪肉供给增加和价格下降的作用效果更好,具体表现为减少山东省和四川省的生猪强制扑杀补贴并增加湖南省和河南省等地区的生猪强制扑杀补贴能够有效地促进国内猪肉生产的增加。研究结果显示,在现在的非洲猪瘟强制扑杀补贴支出下采用最优的补贴方式,若面临叠加"黑天鹅"事件的冲击,我国猪肉供给相对于基期减少5.47%,价格上升11.40%。并且,非洲猪瘟强制扑杀补贴成本每增加274亿元左右,猪肉供给增加约2.46%,价格下降约5.12%。

②调整大豆生产者补贴政策不能实现将叠加"黑天鹅"事件冲击下猪肉价格上升幅度控制在既定范围内的政策目标,并且对于增加猪肉供给和降低猪肉价格的效果较微弱。具体来说,将目前按照播种面积进行补贴的大豆生产者补贴政策调整为按照单产或者生产成本进行补贴的政策对于提高大豆和猪肉供给都几乎没有作用。提高大豆生产者补贴标准能够有效促进国内大豆生产,但对促进猪肉供给增加和价格降低的效果较微弱,主要原因是国产大豆产量增加的同时,同样作为主要饲料原料的玉米产量会出现下降,一定程度上抑制了国内猪肉生产的增加。从数值上看,在将大豆生产者补贴总额增加至与非洲猪瘟强制扑杀补贴成本同等水平的极端情景下:相较于叠加"黑天鹅"事件情景,猪肉供给增加0.17%,价格下降0.22%;相较于2017年基期,猪肉供给仍会下降17.21%,价格仍会上升35.86%。

③优化畜禽饲料配方无法实现将叠加"黑天鹅"事件冲击下猪肉价格上升幅度控制在既定范围内的政策目标,但能够在较小程度上改善叠加"黑天鹅"事件冲击下猪肉供给不足和价格过高的问题。当《仔猪、生长

育肥猪配合饲料》和《蛋鸡、肉鸡配合饲料》两项团体标准被完全采用时：相对于叠加"黑天鹅"事件情景，猪肉供给量增加 0.06％，价格降低 0.08％；相对于 2017 年基期情景，猪肉供给量减少幅度仍然达到 17.30％，价格上升幅度仍然达到 36.05％。

④调整猪肉和大豆进口关税在实现将叠加"黑天鹅"事件冲击下猪肉价格上升幅度控制在既定范围内的政策目标上均不具有可行性，但一定程度上可以起到提高猪肉供给和降低猪肉价格的作用。若对所有国家猪肉取消征收进口关税：相对于叠加"黑天鹅"事件情景，猪肉供给增加 0.83％，价格下降 1.05％；相对于 2017 年基期情景，猪肉供给仍会下降 16.67％，价格仍会上升 34.72％。若对所有国家大豆取消征收进口关税：相对于叠加"黑天鹅"事件情景，猪肉供给增加 0.23％，价格下降 0.29％；相对于 2017 年基期情景，猪肉供给减少幅度仍高达 17.17％，价格上涨幅度仍高达 35.76％。

8 主要研究结论与政策启示

本研究首先结合经济学理论对"黑天鹅"事件影响我国猪肉和大豆供给的作用机制进行定性分析，其次，构建 GT–CASM 模型识别中美经贸摩擦、非洲猪瘟和新冠肺炎疫情三项单一"黑天鹅"事件给我国猪肉供给造成的影响，在此基础上设置不同风险程度的叠加"黑天鹅"事件综合情景进行模拟分析，对叠加"黑天鹅"事件带来的我国猪肉供给短缺和价格过高风险进行预警。进一步地，本研究考虑通过增加国内和国际市场的猪肉和大豆供给以及减少饲用大豆需求来增强"黑天鹅"事件冲击下我国猪肉供给的韧性，具体应对政策包括调整猪肉和大豆国内生产支持政策和国际贸易政策以及优化畜禽饲料配方，并对政策效果和成本进行量化，为政府制定应对"黑天鹅"事件背景下猪肉供给短缺和价格过高风险的政策提供参考。本章将对本研究的主要结论进行归纳总结，并进一步提炼政策启示。

8.1 主要研究结论

基于前文的研究结果，对本研究的主要结论总结如下：

①就单一"黑天鹅"事件给我国猪肉供给造成的影响而言：中美经贸摩擦和新冠肺炎疫情都会造成我国猪肉供给减少和价格上升，但是影响程度较小；而非洲猪瘟会造成我国猪肉产量大幅下降，从而引起猪肉供给急剧下降和价格剧烈上升。从具体数值上看：在中美经贸摩擦加征不同力度关税的冲击下，我国猪肉供给下降 0.16%～0.22%，价格上升 0.33%～0.46%；在新冠肺炎疫情不同严重程度的冲击下，我国猪肉供给减少幅度为 0.22%～0.74%，价格上升幅度为 0.46%～1.54%；在非洲猪瘟不同严重程度冲击下，我国猪肉供给下降高达 16.36%～36.26%，价格上涨

34.08%~75.54%。

②叠加"黑天鹅"事件会导致我国猪肉供给大幅下降、价格大幅上升，且非洲猪瘟是猪肉供给减少和价格上升的主导因素。若不考虑猪肉需求的变化，在不同风险程度的叠加"黑天鹅"事件冲击下，我国猪肉供给下降16.89%~37.78%，价格上涨35.18%~78.70%。若考虑非洲猪瘟冲击下猪肉需求同步减少的情况，猪肉供给下降幅度会进一步增加，而价格上升幅度会减小。值得注意的是，在风险较高的叠加"黑天鹅"事件冲击下，国产大豆产量的增加能够对转基因大豆进口的减少进行有效补充，从而有效缓解畜牧业所需的饲用大豆供给不足的问题。

③调整非洲猪瘟强制扑杀补贴政策对于实现将叠加"黑天鹅"事件冲击下猪肉价格上涨幅度控制在既定范围内的政策目标具有较强的可行性，需要付出的政策成本仅比现行的非洲猪瘟强制扑杀补贴政策高出约341亿元。具体来说，提高生猪和能繁母猪强制扑杀补贴标准均能够有效促进生猪生产以提高猪肉供给和稳定价格，在政策成本相同的情况下，对生猪进行强制扑杀补贴相较于对能繁母猪进行强制扑杀补贴效果更好。同时，对除了山东省和四川省之外的生猪养殖大省（例如湖南省和河南省）实施倾斜的地区差异化的生猪强制扑杀补贴政策相对于实施全国统一标准的生猪强制扑杀补贴政策能够更显著地促进猪肉供给增加和价格下降。研究结果显示，在现在的非洲猪瘟强制扑杀补贴成本下按照最优的方式进行补贴，在面临叠加"黑天鹅"事件冲击时，我国猪肉供给相对于基期减少5.47%，价格上升11.40%。并且，非洲猪瘟强制扑杀补贴成本每增加274亿元左右，猪肉供给增加约2.46%，价格下降约5.12%。

④调整大豆生产者补贴政策对于实现将叠加"黑天鹅"事件冲击下猪肉价格上升幅度控制在既定范围内的政策目标不具备可行性，并且对于增加猪肉供给和降低猪肉价格的效果较微弱。具体来说，调整大豆生产者补贴方式对于提高大豆和猪肉供给都没有作用。提高大豆生产者补贴标准能够有效促进国内大豆生产，但对促进猪肉供给增加和价格降低的作用较小，原因在于国产大豆产量的增加会同时引起玉米产量的下

降，一定程度上抑制了国内猪肉生产的增加。从数值上看，在大豆生产者补贴总额增加至与非洲猪瘟强制扑杀补贴成本同等水平的极端情景下：相较于叠加"黑天鹅"事件情景，猪肉供给增加0.17%，价格下降0.22%；相较于2017年基期，猪肉供给仍会下降17.21%，价格仍会上升35.86%。

⑤优化畜禽饲料配方对于实现将叠加"黑天鹅"事件冲击下猪肉价格上涨幅度控制在既定范围内的政策目标不具有可行性，但能够在较小程度上缓解叠加"黑天鹅"事件下猪肉供给不足和价格过高的问题。在《仔猪、生长育肥猪配合饲料》和《蛋鸡、肉鸡配合饲料》两项团体标准被全面采用时：相对于叠加"黑天鹅"事件情景，猪肉供给量增加0.06%，价格降低0.08%；相对于2017年基期情景，猪肉供给量减少幅度仍会达到17.30%，价格上升幅度仍会达到36.05%。

⑥调整猪肉和大豆进口关税均无法实现将叠加"黑天鹅"事件冲击下猪肉价格上涨幅度控制在既定范围内的政策目标，但可以在一定程度上提高猪肉供给和降低猪肉价格。若对所有国家猪肉取消征收进口关税：相对于叠加"黑天鹅"事件情景，猪肉供给增加0.83%，价格下降1.05%；相对于2017年基期情景，猪肉供给仍会下降16.67%，价格仍会上升34.72%。若对所有国家大豆取消征收进口关税：相对于叠加"黑天鹅"事件情景，猪肉供给增加0.23%，价格下降0.29%；相对于2017年基期情景，猪肉供给减少幅度仍高达17.17%，价格增幅仍高达35.76%。

8.2　政策启示

本研究科学量化"黑天鹅"事件对我国猪肉供给和价格的影响，在考虑了饲用大豆供给同步变化的基础上，识别了中美经贸摩擦、非洲猪瘟和新冠肺炎疫情三项单一"黑天鹅"事件对我国猪肉供给的影响，并对叠加"黑天鹅"事件冲击下我国猪肉供给安全进行风险预警。进一步地，本研究统筹国内和国际两个市场，就猪肉及饲用大豆两种产品从增加供给和减少需求两个方面寻找增强我国猪肉在叠加"黑天鹅"事件冲击下的供给韧性的应对政策，并对政策效果和成本进行量化。因此，本研究的结论能够为"黑天鹅"事件频发的开放市场背景下我国猪肉供给短缺和价格过高风险的预警系统建立和应对政策制定提供理论参考，具有一定的政策启示性。根据研究结论，以非洲猪瘟为代表的重大动物疫病是造成我国猪肉供给短缺和价格过高的首要因素，并且疫病发生之后的生猪复产面临来自"黑天鹅"事件背景下饲用大豆原料供给不足的巨大挑战。对此，政府相关部门应该制定科学系统的应对政策，以缓解"黑天鹅"事件冲击下猪肉供给不足和价格过高问题。基于此，本研究提出如下政策建议。

首先，从直接增加猪肉供给的角度出发，提出如下政策建议。

第一，在增加国内猪肉供给方面，完善重大动物疫病冲击下的生猪生产支持政策。

制定地区差异化的非洲猪瘟强制扑杀补贴政策，提高政策效果。现有全国统一的非洲猪瘟强制扑杀补贴政策对于促进生猪生产未能充分发挥作用，为了在政策成本不变的前提下最大化政策效果，应使非洲猪瘟强制扑杀补贴政策有针对性地向更具有增产潜力的地区倾斜，实施地区差异化的补贴政策。

增强上级政府监管，确保非洲猪瘟强制扑杀补贴政策得到全面落实。由于动物疫病检测过程烦琐，在生猪强制扑杀补贴政策落实过程中，出现了不将生猪死亡原因认定为非洲猪瘟而不发放强制扑杀补贴的情况，一定程度上抑制了养殖户进行生猪补栏的信心。并且，非洲猪瘟强制扑杀补助每半年结算拨付的政策落实进度延缓，导致养殖户没有足够的资金复养。因此，全面落实非洲猪瘟强制扑杀补贴政策对于后非洲猪瘟时代的生猪复产至关重要。

建立生猪重大动物疫病防范和管理制度，最大限度降低疫病暴发的概率。一是对在产猪定期进行非洲猪瘟等动物疫病检测，并及时公示检测结果，防止养殖户由于恐慌心理而对生猪补栏持消极态度。二是建立生猪养殖业的生物安全评价信息化系统，并将评价成绩与养殖户生猪补贴政策的支持力度直接挂钩，激励养殖户规范生猪养殖过程，提高猪食和猪舍的生物安全等级。三是定期对养殖户和基层动物防疫人员开展动物疫病防控培训，提高养殖户和基层动物防疫人员对疫病的防范意识。

第二，在增加国际猪肉供给方面，调整猪肉进口关税政策。

虽然我国猪肉进口占国内猪肉总供给的比例较小，但是当国内生猪产业受"黑天鹅"事件影响而出现大幅减产时，为了填补猪肉供需缺口和稳定猪肉价格，可以考虑通过降低或取消猪肉进口关税增加从国际市场进口猪肉，适度缓解我国猪肉在叠加"黑天鹅"事件冲击下的供给不足和价格过高问题。

其次，从降低猪肉生产所需的饲用大豆原料成本的角度出发，就增加饲用大豆供给和减少饲用大豆需求两个方面提出如下政策建议。

第一，统筹国内外市场增加饲用大豆供给，降低猪肉生产所需的饲用大豆价格。

调整国内大豆生产者补贴政策，促进国内大豆生产。通过将大豆和玉米生产者补贴适度向大豆倾斜可以促进国内大豆生产，从而带来猪肉生产成本的降低和产量的增加。然而，当由于政策倾斜程度过高而出现大豆产量增加但玉米产量大幅减少时，反倒不利于增加猪肉生产。因此，调整大豆和玉米生产者补贴政策可以作为应对"黑天鹅"事件冲击下猪肉供给不足和价格过高风险的政策选项，但应充分权衡政策调整对于大豆和玉米产量的同步影响。

利用国际市场，增加饲用大豆供给。我国饲用大豆供给主要依赖从国际市场上进口转基因大豆，在叠加"黑天鹅"事件影响下，可以考虑通过调低或取消大豆进口关税来增加饲用大豆进口，从而增加饲用大豆供给和降低饲用大豆价格，通过饲料成本的下降来促进猪肉的国内生产。

第二，在减少饲用大豆需求方面，加快全面推行《仔猪、生长育肥猪配合饲料》和《蛋鸡、肉鸡配合饲料》两项团体标准。

2018 年 10 月 26 日我国批准发布的《仔猪、生长育肥猪配合饲料》（T/CFIAS 001—2018）和《蛋鸡、肉鸡配合饲料》（T/CFIAS 002—2018）

两项团体标准可以在满足养殖动物生长需求且不降低生产性能和产品品质的前提下有效减少豆粕等蛋白饲料原料的用量。因此，两项团体标准的全面推行必然会带来畜牧业对饲用大豆需求的减少，一定程度上可以降低饲用大豆的价格，从而降低生猪生产成本。然而，由于两项团体标准并不具有强制性，故采用率不能得到充分保证。因此，在"黑天鹅"事件频发的背景下，我国有必要加快两项团体标准的全面推行速度。

参考文献
REFERENCES

布瑞克农业咨询，2019.2020 年猪价确定与不确定性［J］. 广东饲料，28（11）：19 - 22.

陈波，2007. 中国粮食安全成本及其结构优化研究［D］. 武汉：华中农业大学.

陈志钢，詹悦，张玉梅，等，2020. 新冠肺炎疫情对全球食物安全的影响及对策［J］. 中国农村经济（5）：2 - 12.

程国强，朱满德，2020.2020 年农民增收：新冠肺炎疫情的影响与应对建议［J］. 农业经济问题（4）：4 - 12.

程国强，朱满德，2020. 新冠肺炎疫情冲击粮食安全：趋势、影响与应对［J］. 中国农村经济（5）：13 - 20.

崔宁波，刘望，2019. 全球大豆贸易格局变化对我国大豆产业的影响及对策选择［J］. 大豆科学，38（4）：629 - 634.

范建刚，2007. "大国效应" 的有限性与我国粮食外贸的政策选择［J］. 经济问题（8）：29 - 31.

封进，张涛，2012. 农村转移劳动力的供给弹性——基于微观数据的估计［J］. 数量经济技术经济研究（10）：69 - 82.

葛楠楠，任建超，马晓旭，2020. 非洲猪瘟疫情下中国居民猪肉消费行为影响因素分析［J］. 农业展望，16（9）：128 - 135.

耿仲钟，肖海峰，2018. 农业支持政策改革：释放多大的黄箱空间［J］. 经济体制改革（3）：67 - 73.

郭丹丹，陶红军，2011.GTAP 模型在区域经济一体化效应分析中的应用［J］. 湖南农业大学学报（社会科学版），12（1）：67 - 72.

韩磊，2020. 中国肉类供需形势及稳产保供对策研究［J］. 价格理论与实践（7）：57 - 61.

韩磊，王术坤，2020.2019 年中国猪肉供需形势及 2020 年展望［J］. 农业展望，16（4）：

7 - 11.

胡冰川，2020. "十四五"农业国际合作若干重大问题前瞻［J］. 农业经济问题（10）：
　　103 - 112.

胡向东，郭世娟，2018. 疫情对生猪市场价格影响研究——兼析非洲猪瘟对产业冲击及应
　　对策略［J］. 价格理论与实践，414（12）：53 - 57.

黄武，2005. 贸易自由化对中国大豆产业的影响研究［D］. 南京：南京农业大学.

姜峥睿，2017. 合作与摩擦：中美贸易关系发展研究［D］. 长春：吉林大学.

金洁颖，华晶，2018. 浅谈 2018 中美贸易战对我国经济的影响——以农产品进口为例［J］.
　　经贸实践（11）：72 - 73.

琚腊红，于冬梅，房红芸，等，2018.2010—2012 年中国居民膳食结构状况［J］. 中国公
　　共卫生，34（10）：1373 - 1376.

李安林，张蕊，2019. 加征美国大豆关税对中国大豆价量波动的影响［J］. 湖南农业大学
　　学报（社会科学版）（3）：17 - 23.

李先德，孙致陆，贾伟，等，2020. 新冠肺炎疫情对全球农产品市场与贸易的影响及对策
　　建议［J］. 农业经济问题（8）：4 - 11.

李晓钟，张小蒂，2004. 粮食进口贸易中"大国效应"的实证分析［J］. 中国农村经济
　　（10）：26 - 32.

李亚玲，易福金，熊博，2017. 中国食物消费结构变化对植物油市场的影响［J］. 农业技
　　术经济（11）：115 - 128.

李志萌，杨志诚，2016. 生猪价格波动规律的形成机理与调控对策［J］. 农林经济管理学
　　报，15（6）：694 - 701.

梁一新，2020. 中美贸易摩擦背景下加入 RCEP 对中国经济及相关产业影响分析［J］. 国
　　际贸易（8）：38 - 47.

刘婷婷，应瑞瑶，周力，2020. 非洲猪瘟对中国生猪产业链的经济影响研究——基于市场
　　分割视角［J］. 农村经济（9）：19 - 26.

马名慧，邵喜武，2020. 非洲猪瘟疫情下我国生猪产业价格传导机制研究——基于 VAR
　　模型的实证分析［J］. 价格月刊（3）：7 - 14.

马文峰，陈杨，2018. 中美贸易争端对国内大豆产业链条影响分析及政策建议——用好中
　　美贸易战，推动经济社会健康有效升级［J］. 今日养猪业（3）：52 - 58.

聂赟彬，高翔，李秉龙，等，2020. 非洲猪瘟疫情背景下养殖场户生产决策研究——对生
　　猪生产恢复发展的思考［J］. 农业现代化研究：1 - 10.

朴荆，2010. "转基因"是非之虞［J］. 福建质量技术监督（5）：26 - 27.

普霡喆，钟钰，2018. 美国大豆加征关税的提价效应分析 [J]. 农业展望，14 (10)：103－108.

冉娟，2016. 中国精饲料供需研究 [D]. 北京：中国农业科学院.

盛芳芳，张玉梅，陈志钢，2020. 非洲猪瘟与中美贸易摩擦对中国猪肉市场及贸易的影响分析 [J]. 农村经济 (12)：17－23.

苏华庚，田志敏，李英，等，2020. 新冠肺炎疫情对全球肉类市场的影响 [J]. 中国畜牧杂志，56 (10)：186－190.

苏静萱，2020. 中美贸易摩擦对中国农产品贸易的影响研究 [D]. 北京：中国农业科学院.

孙东升，苏静萱，李宁辉，等，2021. 中美贸易摩擦对中美农产品贸易结构的影响研究 [J]. 农业经济问题 (1)：95－106.

孙中叶，王惠，李鹏龙，2018. 中美贸易摩擦对我国粮食市场的影响及侧面警示 [J]. 粮食问题研究 (5)：7－11.

田聪颖，肖海峰，2018a. 目标价格补贴与生产者补贴的比较：对我国大豆直补方式选择的思考 [J]. 农业经济问题 (12)：107－117.

田聪颖，肖海峰，2018b. 生产者补贴政策与农户种植结构调整——基于"镰刀弯"地区农户的模拟分析 [J]. 哈尔滨工业大学学报 (社会科学版)，20 (3)：132－140.

田欣，王晓敏，李鹏飞，等，2018. 中国对美国农产品加征关税的影响研究——以大豆和玉米为例 [J]. 农业展望，14 (10)：109－117.

佟瑞鹏，谢贝贝，安宇，2017. 黑天鹅事件定义及分类的探讨 [J]. 中国公共安全 (学术版)，2：44－48.

王刚毅，李春雷，申玉琢，等，2020. 非洲猪瘟对我国居民消费价格指数影响研究——基于双重差分模型的分析 [J]. 价格理论与实践 (3)：71－74.

王辽卫，2018. 中美贸易摩擦对我国大豆产业的影响分析 [J]. 中国粮食经济 (10)：54－59.

王双正，2020. "两个疫情"之下农产品保供稳价：反思与前瞻——以粮食、畜禽、果蔬为例 [J]. 价格理论与实践 (8)：11－16.

王亚飞，2007. 贸易摩擦理论研究 [J]. 国际贸易问题 (2)：18－23.

魏浩，2018. 中国反制美国大豆进口的应对战略与启示 [J]. 人民论坛·学术前沿 (16)：34－39.

徐会永，2015. 论科技期刊名称中"黑天鹅事件"的启示 [J]. 编辑学报，27 (1)：16－18.

徐斯，2018. 中美大豆贸易情况分析 [J]. 发展研究 (7)：62－65.

杨皓森，杨军，2020. 中美第一阶段贸易协定对中美农产品贸易的影响分析 [J]. 农业经济问题（12）：99-108.

杨泳冰，2017. 空气污染对中国粮食生产的影响研究——以近地面臭氧污染为例 [D]. 南京：南京农业大学.

叶兴庆，程郁，周群力，等，2020. 新冠肺炎疫情对2020年农业农村发展的影响评估与应对建议 [J]. 农业经济问题（3）：4-10.

于爱芝，杨敏，2021. 中美贸易摩擦与我国重点农业产业走向 [J]. 华南农业大学学报（社会科学版），20（1）：1-8.

余洁，韩啸，任金政，2021. 中美经贸摩擦如何影响了大豆进口——基于贸易转移与创造效应视角 [J]. 国际经贸探索，37（1）：20-33.

张成虎，杨梦云，2018. 中美贸易摩擦的国际影响及中国应对策略研究 [J]. 理论探讨（4）：93-98.

张富，2012. 我国生猪生产波动与预警调控 [D]. 北京：中国农业科学院.

张海峰，2019. 非洲猪瘟的社会影响 [J]. 猪业科学，36（12）：114-117.

张利庠，罗千峰，韩磊，2020. 构建中国生猪产业可持续发展的长效机制研究 [J]. 农业经济问题（12）：50-60.

张莹，丁梓欣，黄涛，2019. 中美贸易摩擦背景下中国进口南美大豆的替代影响——基于GTAP模型的模拟 [J]. 拉丁美洲研究，41（6）：95-117.

张玉梅，盛芳芳，陈志钢，等，2021. 中美经贸协议对世界大豆产业的潜在影响分析——基于双边贸易模块的全球农产品局部均衡模型 [J]. 农业技术经济（4）：4-16.

张振，徐雪高，张璟，等，2018. 贸易新形势下国内外大豆产业发展战略取向 [J]. 农业展望，14（10）：94-102.

赵亮，冯中朝，陶红军，2006. 我国饲用粮的需求分析与预测 [J]. 饲料工业（9）：60-63.

中国农业产业发展研究课题组，张玉梅，2018.《中国农业产业发展报告》发布会会议综述 [J]. 农业技术经济（7）：143-144.

钟钰，普蓂喆，刘明月，等，2020. 新冠肺炎疫情对我国粮食安全的影响分析及稳定产量的建议 [J]. 农业经济问题（4）：13-22.

周开锋，侯明权，韩治军，等，2020. 当前生猪生产和猪肉消费情况的调查报告 [J]. 今日养猪业（1）：67-70.

周曙东，郑建，卢祥，2019. 中美贸易争端对中国主要农业产业部门的影响 [J]. 南京农业大学学报（社会科学版）（1）：130-141.

周询，2018. 近地面臭氧污染与农业部门经济损失 [D]. 南京：南京农业大学.

朱佳，于滨铜，张熙，等，2019. 非洲猪瘟对猪肉消费行为的影响研究——基于辽宁省沈阳市 459 份消费者问卷调查 [J]. 中国食物与营养，25 (5)：37-41.

朱宁，曹博，秦富，2020. 非洲猪瘟疫情影响下城镇居民家庭畜产品消费替代研究——基于北京市与河北省的调研 [J]. 农村经济 (4)：76-82.

朱增勇，浦华，杨春，2020. 新冠肺炎对生猪产业影响及应对策略 [J]. 农业经济问题 (3)：24-30.

ADAMS R M，CHEN CC，MCCARL B A，et al.，1999. The economic consequences of ENSO events for agriculture [J]. Climate Research，13 (3)：165-172.

ATTAVANICH W，2011. Essays on the effect of climate change on agriculture and agricultural transportation [D]. Texas：Texas A&M University.

AVEN T，2014. Risk，surprises and Black Swans：fundamental ideas and concepts in risk assessment and risk management [M]. New York：Routledge：10-17.

BARON D P，1997. Integrated strategy，trade policy，and global competition [J]. California management review，39 (2)：145-169.

BHAGWATI J N，PANAGARIYA A，SRINIVASAN T N，1998. Lectures on international trade [C]. MIT Pess.

BRANDER J A，SPENCER B J，1985. Export subsidies and international market share rivalry [J]. Journal of International Economics，18 (1-2)：83-100.

CAO L，LI T，WANG R，et al.，2020. Impact of COVID-19 on China's agricultural trade [J]. China Agricultural Economic Review，ahead-of-print (ahead-of-print).

CARRIQUIRY M，ELOBEID A，HAYES D，ZHANG W，2019. Impact of African Swine Fever on US and world commodity markets [J]. Agricultural Policy Review (3).

CHEN CC，1999. Development and application of a linked global trade-detailed U. S. agricultural sector analysis system [D]. Texas：Texas A&M University.

CHEN C-C，MCCARL B A，2000. The Value of ENSO information to agriculture：consideration of event strength and trade [J]. Journal of Agricultural and Resource Economics，25 (2)：18.

FAJARDO D，MCCARL B A，THOMPSON R L，1981. A multicommodity analysis of trade policy effects：the case of Nicaraguan agriculture [J]. American Journal of Agricultural Economics，63 (1)：23-31.

FELLIN L R，1993. International corn and soybean transportation system：quadratic programming models [D]. Texas: Texas A&M University, ProQuest Dissertations Publishing, 9328717.

FRANCOIS J, HALL H K, 2003. Global simulation analysis of industry – level trade policy [J]. Technical paper.

GALLET C A, 2010. Meat meets meta: a quantitative review of the price elasticity of meat [J]. American Journal of Agricultural Economics, 92 (1): 258 – 272.

GOMORY R E, BAUMOL W J, WOLFF E N, 2000. Global trade and conflicting national interests [C]. MIT Press (8).

GRIFFITH G, I'ANSON K, HILL D J, et al., 2001. Previous demand elasticity estimates for Australian meat products [R]. Economic Research Report No. 5, NSW Agriculture, Orange.

HAILE M G, BROCKHAUS J, KALKUHL M, 2016a. Short – term acreage forecasting and supply elasticities for staple food commodities in major producer countries [J]. Agricultural and Food Economics, 4 (17): 1 – 23.

HAILE M G, KALKUHL M, VON BRAUN J, 2016b. Worldwide acreage and yield response to international price change and volatility: a dynamic panel data analysis for wheat, rice, corn, and soybeans [J]. American Journal of Agricultural Economics, 98 (1): 172 – 190.

HAJIKAZEMI S, EKAMBARAM A, ANDERSEN B, et al., 2016. The Black Swan – Knowing the unknown in projects [J]. Procedia – Social and Behavioral Sciences, 226: 184 – 192.

HAMILTON S A, MCCARL B A, ADAMS R M, 1985. The effect of aggregate response assumptions on environmental impact analyses [J]. American Journal of Agricultural Economics, 67 (2): 407 – 413.

HERTEL, T W, 1997. Global trade analysis: modeling and applications [C]. Cambridge: Cambridge University Press.

HOCHMAN G, RAJAGOPAL D, TIMILSINA G, et al., 2016. The role of inventory adjustments in quantifying factors causing food price inflation [R]. World Bank Policy Research Working Paper No. 5744.

HOWITT R E, 1995. Positive mathematical programming [J]. American Journal of Agricultural Economics, 77 (2): 329 – 342.

JONES R W, 1971. Distortions in factor markets and the General Equilibrium Model of production [J]. Journal of Political Economy, 79 (3): 437 – 459.

KATZENSTEIN P J, 1978. Between power and plenty: foreign economic policies of advanced industrial states [C]. University of Wisconsin Press.

LI J, CHAVAS J P, 2020. In the impacts of African Swine Fever on vertical and spatial hog pricing and market integration in China [C]. 2020 Annual Meeting, July 26 – 28, Kansas City, Missouri.

LI Y, YI F, WANG Y, et al., 2019. The value of El Niño—Southern Oscillation forecasts to China's agriculture [J]. Sustainability, 11 (15): 4184.

MALLORY M L, 2020. Impact of COVID – 19 on medium – term export prospects for soybeans, corn, beef, pork, and poultry [J]. Applied Economic Perspectives and Policy.

MARSHALL A, 2009. Principles of economics: unabridged eighth edition [M]. Cosimo, Inc.

MASON – D'CROZ D, BOGARD J R, HERRERO M, et al., 2020. Modelling the global economic consequences of a major African Swine Fever outbreak in China [J]. Nature Food, 1 (4): 221 – 228.

MASYS A J, 2012. Black Swans to Grey Swans: revealing the uncertainty [J]. Disaster Prevention and Management: An International Journal, 21 (3): 320 – 335.

MCCARL B A, 1982. Cropping activities in agricultural sector models: a methodological proposal [J]. American Journal of Agricultural Economics, 64 (4): 768 – 772.

MCDONALD S, THIERFELDER K, ROBINSON S. 2007. Globe: a SAM based global CGE model using GTAP data [J]. United States Naval Academy.

MEADOWS D L, 1970. Dynamics of commodity production cycles [J]. Economic Journal, 48 (53): 212.

MENEZES T A, PIKETTY M – G, 2012. Towards a better estimation of agricultural supply elasticity: the case of soya beans in Brazil [J]. Applied Economics, 44 (31): 4005 – 4018.

MÉREL P, YI F, LEE J, et al., 2014. A regional bio – economic model of nitrogen use in cropping [J]. American Journal of Agricultural Economics, 96 (1): 67 – 91.

MILLER T A, 1972. Evaluation of alternative flexibility restraint procedures for recursive programming models used for prediction [J]. American Journal of Agricultural Economics, 54 (1): 68 – 76.

MUHAMMAD A, SMITH S A, 2018. Evaluating the impact of retaliatory tariffs on U. S.

soybeans in China [R]. University of Tennessee Institute of Agriculture, W532.

ÖNAL H, MCCARL B A, 1989. Aggregation of heterogeneous firms in mathematical programming models [J]. European Review of Agricultural Economics, 16 (4): 499 – 513.

ORCUTT G H, 1950. Measurement of price elasticities in international trade [J]. Review of Economics and Statistics, 32 (2): 117.

OSPINA E, SHUMWAY C R, 1979. Disaggregated analysis of short – run beef supply response [J]. Western Journal of Agricultural Economics, 4 (2): 43 – 59.

PATÉ – CORNELL M E, 2012. On Black Swans and Perfect Storms: risk analysis and management when statistics are not enough [J]. Risk Analysis, 32 (11): 1823 – 1833.

PITTS N, WHITNALL T, 2019. Impact of African Swine Fever on global markets [J]. Agricultural Commodities, 9 (3): 52.

ROBERTS M J, SCHLENKER W, 2013. Identifying supply and demand elasticities of agricultural commodities: Implications for the US Ethanol Mandate [J]. American Economic Review, 103 (6): 2265 – 2295.

ROBINSON S, MASON – D'CROZ D, SULSER T, et al. , 2015. The international model for policy analysis of agricultural commodities and trade (IMPACT): model description for version 3 [J].

ROSEGRANT M W, Agcaoili – AGCAOILI M C, PEREZ N D, 1995. Global food projections to 2020: Implications for investment [M]. Diane Publishing.

SAMUELSON P A, 1952. Spatial price equilibrium and linear programming [J]. The American economic review, 42 (3): 283 – 303.

SEALE JR J L, REGMI A, BERNSTEIN J, 2003. International evidence on food consumption patterns [R]. Technical Bulletins.

SHAO Y, LI M, ZHANG W, et al. , 2018. World's largest pork producer in crisis: China's African Swine Fever outbreak [J]. Agricultural Policy Review (3): 1.

SHEI S – Y, THOMPSON R L, 1977. The impact of trade restrictions on price stability in the world wheat market [J]. American Journal of Agricultural Economics, 59 (4): 628.

SMITH A, 1776. An inquiry into the nature and causes of the wealth of nations [M]. London: printed for W. Strahan, and T. Cadell.

TAHERIPOUR F, TYNER W E, 2018a. Impacts of possible Chinese 25% tariff on US soybeans and other agricultural commodities [J]. Choices, 33 (2): 1 – 7.

TAHERIPOUR F, TYNER W E, 2018b. Impacts of possible Chinese protection on US soybeans [R]. GTAP Working Paper, No. 1237 - 2019 - 303.

TAKAYAMA T, JUDGE G G, 1971. Spatial and temporal price and allocation models [C]. North - Holland Pub. Co. : Amsterdam.

TALEB N N, 2007. The Black Wwan: The impact of the highly improbable [M]. New York: Random House Trade Paperbacks: 3 - 4.

TAYLOR C A, BOULOS C, ALMOND D, 2020. Livestock plants and COVID - 19 transmission [J]. Proceedings of the National Academy of Sciences, 117 (50): 31706 - 31715.

TOKARICK, S, 2014. A method for calculating export supply and import demand elasticities [J]. The Journal of International Trade & Economic Development, 23 (7): 1059 - 1087.

ULUBASOGLU M, MALLICK D, WADUD M, et al. , 2016. Food demand elasticities for Australia [J]. Australian Journal of Agricultural & Resource Economics, 60 (2): 177 - 195.

WANG Y, WANG J, WANG X, 2020. COVID - 19, supply chain disruption and China's hog market: a dynamic analysis [J]. China Agricultural Economic Review, 12 (3): 427 - 443.

WANG H H, 2018. Impacts of the tariff between U. S. and China on American agriculture [R]. Policy Briefs, Purdue University.

WIBORG T, MCCARL B A, RASMUSSEN S, et al. , 2005. Aggregation and calibration of agricultural sector models through crop mix restrictions and marginal profit adjustments [R]. Paper prepared for the XIth EAAE Congress.

WITSANU A, MCCARL B. A, AHMEDOV Z, et al. , 2013. Effects of climate change on US grain transport [J]. Nature Climate Change, 3 (7): 638 - 643.

World Agricultural Outlook Board, U. S. Department of Agriculture, 1994. Major world crop areas and climatic profiles [M]. Agricultural Handbook No. 664.

WU F, GENG Y, ZHANG Y, et al. , 2019. Assessing sustainability of soybean supply in China: evidence from provincial production and trade data [J]. Journal of Cleaner Production, 244: 119006.

XIONG B, YI F, LI Y, 2017. What do China's rising meat demand and industrialization of the livestock sector mean for its vegetable oil market [J]. China Agricultural Economic Review, 9 (2): 303 - 316.

YI F, MCCARL B A, ZHOU X, et al. , 2018. Damages of surface ozone: evidence from agricultural sector in China [J]. Environmental Research Letter, 13 (3): 034019.

YI F, MCCARL B A, 2018. Increasing the effectiveness of the Chinese grain subsidy: a quantitative analysis [J]. China Agricultural Economic Review, 10 (4): 538 – 557.

ZAFARBEK A, 2013. On the welfare impacts of U. S. biofuels policies and impediments to barge transportation and their implications for agricultural transportation [D]. Texas: Texas A&M University.

ZHANG W, HAYES D J, JI Y, et al. , 2019. African swine fever in China: an update [J]. Agricultural Policy Review (1).

ZHANG Y, DIAO X, CHEN K Z, et al. , 2020. Impact of COVID – 19 on China's macro-economy and agri – food system – an economy – wide multiplier model analysis [J]. China Agricultural Economic Review, 12 (3): 387 – 407.

ZHENG Y, WOOD D, WANG H H, et al. , 2018. Predicting potential impacts of China's retaliatory tariffs on the US farm sector [J]. Choices, 33 (2): 1 – 6.

后 记
POSTSCRIPT

本书是在笔者博士论文的基础上修改而成，从最初的选题到如今的成书，凝结了许多人的智慧和帮助。

感谢我的导师，南京农业大学的易福金教授，我的每一分进步都离不开您的悉心指导！您对科研的严谨态度，让我对每一个数据和每一段文字都不敢有丝毫马虎；您敢于质疑的精神，让我在阅读文献时多了一些批判性思维；您思考问题的严密逻辑，让我在研究遇到困难时总能按照您的方法找到解决方案。您不仅在学术上言传身教，也会关心我在研究过程中出现的情绪波动问题。完成博士论文的过程是充满坎坷和挑战的，门槛较高而又需要耗费大量时间的模型学习曾让我几度情绪崩溃，您总会结合自己的经历开导我，让我重获信心和希望。六年的时间，我获得了巨大的成长，而您是最重要的引路人。在以后的工作和生活中，我将继续谨记您的教诲！

感谢学习生涯中给过我帮助的老师们，你们的教导让我的知识体系更加丰富！感谢美国 Texas A&M University 的 Bruce McCarl 教授，在美国求学的这一年时间里，从您的课程中我学习了数学规划模型的理论和应用，从跟您面对面的交流中我获得了校准模型的思路，这些都对我完成博士论文起到了决定性的作用；同时，非常感谢您在生活中对我的关心与照顾，在您家中度过的感恩节让我在异国他乡体会到了家的温暖。感谢台湾大学的徐世勋教授和张静贞教授为我提供的平台，在台湾大学学习的一学期里，我从老师们的课程和团队例会中收获了大量有益的知识。感谢南京农业大学经济管理学院的钟甫宁教授、朱晶教授、徐志刚教授、何军教授、胡浩教授、应瑞瑶教授、王学君教授、孙顶强教授、纪月清教授等所有老师们，无论是课程讲授、报告分享、论文开题、预答辩和答辩还是私下交流，你们的知识输出都给我的研究带来了诸多启发和富有建设性的建议。感谢安徽师范大学的周端明教授，是您的课程让我对经济学产生了浓厚的兴趣，并选择了继续读研深造；同时感谢安徽师范大学的吴方老师和谢康老师，你们是我懵懂无知时的启蒙老师。

感谢这一路上陪伴我的朋友们，你们的陪伴与启发让我的硕博生活更加丰富多彩！首先，感谢同门的兄弟姐妹们：杨泳冰、顾煜乾、刘莹、马绍华、刘畅、彭乙申、周询、肖蓉、丰家傲、周梦飞、周甜甜、李慧奇、潘乔乔、戎政仁、王腾、权泉、吕斯涵、刘辉琳、马文才、燕菲儿、赵雨竹、熊紫龙、陆宇、胡鸣宇、袁崇俊、刘子寒、徐经芳、肖永河、许晴、张绮伦等；特别感谢刘畅师姐、王腾师妹和刘辉琳师妹，每当研究和生活上遇到难题时，你们的开导和安慰总会给我莫大的力量和温暖；特别感谢权泉师妹，在我熬夜写论文的日子里，亲手为我炖鸡汤补充营养；特别感谢肖蓉师妹，一起探索 GAMS 软件的日子是我最美好的旅程。其次，感谢我的同窗好友刘珍珍、黄芸、刘航航、王含露、崔悦等，同窗的日子感谢有你们的陪伴，分开的日子感谢你们一如既往的鼓励和支持；特别感谢刘珍珍，从学术到生活，你是我无话不谈的挚友，学术上你总能给我带来一些不同角度的思考，生活上你像家人一样照顾我，有你在我倍感安心。最后，感谢美国 Texas A&M University 的费程程学姐、达亚彬师兄、邓晓阳、雷雨虹、程木樨、李凌伊等和台湾大学的张瑀健学姐、陈威勤学弟等，在外求学的日子里，你们在学习和生活上都给予了我太多的帮助。

感谢我的另一半，遇见你是我一生所幸！你总是无条件地相信我，在最需要的时候给予我陪伴和鼓励。在攻读博士学位期间，每次受挫而情绪低落时，你总会用各种方式开导我，让我能够快速调整心态并找回信心。在我的研究遇到瓶颈而濒临放弃时，你用你的实际行动告诉我，无论当前的状况有多糟糕，只要做好当下的事，总会出现转机，让我重拾挑战自己的勇气。你积极向上的态度、长远的眼光和豁达的心态都深深地影响着我。

　　感谢我的家人，你们是我最坚强的后盾和避风港！首先，感谢我的父母，你们总是无条件地支持我的选择。从牙牙学语到三十而立，你们含辛茹苦将我培养长大，从无抱怨，只有理解。自从攻读博士学位以来就很少有时间能够回家陪伴你们，心中感到愧疚万分。其次，感谢我的兄嫂，在我缺席的日子里，一直陪伴在父母左右，并且把父母照顾得非常妥帖。最后，感谢我可爱的侄子侄女——朗朗宝贝和豆豆宝贝，你们拥有让我无理由快乐的魔力。

　　一路走来，我深知自己蒙受了太多的恩惠，对于未能一一提及的亲朋好友们，在此一并敬上我最诚挚的感谢！

李亚玲

2022 年 12 月 18 日

图书在版编目（CIP）数据

"黑天鹅"风险下的中国猪肉供给研究 / 李亚玲著
. —北京：中国农业出版社，2023.3
ISBN 978-7-109-30491-8

Ⅰ.①黑…　Ⅱ.①李…　Ⅲ.①生猪市场－供给制－研究－中国　Ⅳ.①F326.3

中国国家版本馆 CIP 数据核字（2023）第 043862 号

中国农业出版社出版
地址：北京市朝阳区麦子店街 18 号楼
邮编：100125
责任编辑：潘洪洋
版式设计：杜　然　责任校对：张雯婷
印刷：北京中兴印刷有限公司
版次：2023 年 3 月第 1 版
印次：2023 年 3 月北京第 1 次印刷
发行：新华书店北京发行所
开本：700mm×1000mm　1/16
印张：11
字数：160 千字
定价：58.00 元
